AF283807

Lenguaje de desarrollo: C++

Paula Rosado Jiménez

ic editorial

Lenguaje de desarrollo: C++
© Paula Rosado Jiménez

1ª Edición

© IC Editorial, 2025

Editado por: IC Editorial
c/ Cueva de Viera, 2, Local 3
Centro Negocios CADI
29200 Antequera (Málaga)
Teléfono: 952 70 60 04
Fax: 952 84 55 03
Correo electrónico: iceditorial@iceditorial.com
Internet: www.iceditorial.com

ISBN: 978-84-1184-721-6
Depósito Legal: MA 574-2025

Impresión: PODiPrint
Impreso en Andalucía – España

Nota de la editorial: IC Editorial pertenece a Innovación y Cualificación S. L.

Índice

OBJETIVOS GENERALES

Los objetivos generales del título **Lenguaje de desarrollo: C++** son los siguientes:

- ⮞ Desarrollar programas en C++, aplicándolos a proyectos IoT o *smart city* bajo coberturas de tecnología de red 5G.
- ⮞ Analizar el uso de C++ en el desarrollo de aplicaciones para redes de telecomunicaciones 5G, explorando su capacidad para gestionar grandes volúmenes de datos y optimizar el rendimiento de la red.
- ⮞ Comprender las técnicas fundamentales para el desarrollo de *software* en C++ mediante el análisis de las estructuras de control, la programación orientada a objetos y el manejo de ficheros.
- ⮞ Explorar los conceptos fundamentales para la gestión de ficheros en C++, comprendiendo su importancia en el desarrollo de aplicaciones eficientes y estructuradas, y utilizando las herramientas del lenguaje para manipular, almacenar y recuperar datos de manera segura y efectiva.

Aplicación del lenguaje de desarrollo C++ en entornos de cobertura 5G

Contenido

Objetivos

El objetivo general de esta Unidad de Aprendizaje es:

→ Analizar el uso de C++ en el desarrollo de aplicaciones para redes de telecomunicaciones 5G, explorando su capacidad para gestionar grandes volúmenes de datos y optimizar el rendimiento de la red.

Los objetivos específicos de esta Unidad de Aprendizaje son:

→ Explorar las herramientas clave utilizadas en el desarrollo en C++, analizando cómo facilitan la creación, depuración y optimización de aplicaciones, con énfasis en entornos 5G.

→ Comparar las funcionalidades y capacidades de los *IDE Visual Studio* y *Arduino IDE* para el desarrollo de aplicaciones en C++, evaluando cuál se ajusta mejor a diferentes necesidades dentro del entorno de desarrollo 5G.

→ Investigar el impacto del uso de operadores de asignación en la eficiencia del código C++ en aplicaciones que requieren procesamiento en tiempo real dentro de redes 5G, optimizando el manejo de recursos y memoria.

→ Implementar ejemplos prácticos en *Visual Studio* y *Arduino IDE,* demostrando cómo diferentes entornos de desarrollo afectan el flujo de trabajo y el rendimiento en aplicaciones de C++ diseñadas para redes 5G.

→ Estudiar cómo las herramientas avanzadas de depuración y optimización en Visual Studio pueden mejorar el desarrollo y mantenimiento de aplicaciones críticas en 5G, comparado con las opciones en *Arduino IDE.*

1. Introducción

En la actualidad, el desarrollo de aplicaciones en **C**++ sigue siendo un pilar fundamental en múltiples áreas de la tecnología, debido a su alto rendimiento y eficiencia en la gestión de recursos. Con la llegada de la **red 5G**, que promete una conectividad ultrarrápida y baja latencia, el uso de lenguajes de programación robustos como C++ se vuelve crucial para maximizar el potencial de estas nuevas infraestructuras. Se ofrece una exploración profunda de las herramientas y técnicas más importantes para el desarrollo en C++, con un enfoque particular en su aplicación en **entornos de cobertura 5G.**

En un primer instante, se empieza analizando las herramientas más comunes utilizadas en el desarrollo con C++, abarcando desde los entornos de compilación hasta los sistemas de depuración, los cuales son esenciales para la creación y optimización de código en aplicaciones críticas.

Además, se abordarán las diferencias entre los entornos de desarrollo integrado *(IDE) Visual Studio* y *Arduino IDE,* dos de las plataformas más populares entre los desarrolladores. Mientras *que Visual Studio* ofrece un conjunto de características avanzadas para la programación en C++, *Arduino IDE* es muy utilizado para el desarrollo en dispositivos embebidos, lo que lo hace relevante en el contexto del internet de las cosas (IoT) en 5G.

Finalmente, se explorará en detalle la gestión de operadores de asignación en C++, un aspecto crucial para asegurar la eficiencia del código. Dado que las aplicaciones en 5G requieren alta velocidad y bajo consumo de recursos, entender cómo utilizar correctamente estos operadores es vital para optimizar el rendimiento de las aplicaciones.

Esta unidad proporcionará una base sólida para aprovechar al máximo el poder de C++ en el desarrollo de aplicaciones para redes 5G, explorando tanto las herramientas como los entornos y optimizaciones necesarias para un rendimiento óptimo en este nuevo paradigma de conectividad.

En una ciudad inteligente, miles de sensores IoT están instalados para monitorear en tiempo real la calidad del aire, el tráfico vehicular y el consumo de energía. La baja latencia y el alto ancho de banda proporcionado por la tecnología 5G juegan un papel crucial para que este sistema funcione de manera eficiente. TechCity Solutions, a lo largo de la unidad, puede desarrollar una solución de *software* en C++ que permita:

1. Optimizar del procesamiento de datos en tiempo real.
2. Desarrollar el *backend* de la aplicación en *Visual Studio* y usar *Arduino IDE* como plataforma para programar en C++.

3. Monitorear en tiempo real.
4. Seguridad y escalabilidad.

2. Herramientas para trabajar con C++

👉 **HILO CONDUCTOR**

TechCity Solutions va a aprovechar una variedad de herramientas para optimizar el desarrollo de soluciones en C++ dentro de entornos 5G. Entre ellas hará uso de compiladores GCC (GNU *compiler collection*) para desarrollar aplicaciones que necesiten ser desplegadas en múltiples dispositivos, incluyendo servidores y dispositivos IoT en una red 5G. Y Clang para generar código altamente optimizado, lo cual es esencial en aplicaciones que requieren alta eficiencia en 5G.

Además, tendrá que usar herramientas de análisis de código y bibliotecas y *frameworks*.

Para gestionar el ciclo de vida del desarrollo de *software* de manera eficiente, TechCity Solutions puede integrar Jenkins con C++ para ejecutar compilaciones automáticas, realizar pruebas unitarias y desplegar aplicaciones de manera continua en entornos de red 5G.

El lenguaje de programación C++ ha sido durante décadas uno de los más utilizados para el desarrollo de aplicaciones de alto rendimiento, especialmente en áreas que requieren un control fino sobre los recursos del sistema y la eficiencia. En entornos de cobertura 5G, donde la baja latencia, la alta capacidad de transmisión y la escalabilidad son esenciales, las herramientas adecuadas para trabajar con C++ juegan un papel fundamental para garantizar el éxito de los proyectos.

C++ fue creado en 1979 por Bjarne Stroustrup en los laboratorios Bell en Estados Unidos. Su motivación inicial era combinar la eficiencia del lenguaje C (que dominaba los sistemas de bajo nivel y sistemas operativos) con las ventajas de la programación orientada a objetos (POO), una técnica que comenzaba a ganar terreno por su capacidad para organizar y gestionar el código de manera más estructurada.

A lo largo de la década de 1980, C++ fue adoptado rápidamente en el desarrollo de sistemas complejos, incluyendo sistemas embebidos, simulaciones y *software* de alto rendimiento, debido a su eficiencia y flexibilidad.

La industria de las telecomunicaciones comenzó a beneficiarse del lenguaje para desarrollar sistemas de telecomunicaciones de alta velocidad debido a su control sobre el *hardware* y su capacidad para gestionar conexiones de red de manera eficiente.

La aparición de bibliotecas específicas para programación de red, como Boost.Asio, abrió nuevas posibilidades en el desarrollo de aplicaciones de red en C++.

Los retos de C++ en la actualidad son los siguientes:

➲ **C++ y la conectividad móvil.** Con el auge de las redes 3G y 4G en las décadas de 2000 y 2010, C++ se consolidó como uno de los lenguajes clave para aplicaciones críticas de tiempo real en telecomunicaciones. Gracias a su bajo consumo de recursos y control sobre la memoria, C++ fue utilizado en sistemas de enrutamiento, transmisión de datos móviles y aplicaciones de servidores para gestionar el tráfico de datos móviles. Durante este período, se lanzaron estándares modernos de C++, como C++11 (2011), C++14 (2014) y C++17 (2017), que incluyeron características mejoradas como expresiones lambda, manejo automático de memoria con *smart pointers* y optimización en el uso de hilos *(threads)*. Estas mejoras hicieron que C++ fuera aún más adecuado para aplicaciones de alto rendimiento en entornos de redes móviles.

➲ **C++ en la era de las redes 5G.** La llegada de la quinta generación de redes móviles (5G) trajo consigo demandas aún mayores de velocidad, baja latencia y procesamiento masivo de datos en tiempo real. Estos requisitos son ideales para el perfil de C++:

   ☽ Baja latencia: la capacidad de C++ de acceder y gestionar directamente el *hardware* es crucial para minimizar la latencia en sistemas críticos de 5G.

   ☽ Concurrencia: las características modernas de C++, como las bibliotecas de concurrencia *(<thread>, <future>, <mutex>)* permiten aprovechar al máximo las arquitecturas de múltiples núcleos, que son esenciales para manejar el volumen y la velocidad de datos en redes 5G.

   ☽ Optimización de recursos: en entornos donde el consumo de energía y el uso eficiente de la memoria son esenciales, C++ sigue siendo una de las mejores opciones, ya que permite una optimización fina de estos recursos.

Hoy en día, C++ es fundamental en áreas como el desarrollo de antenas inteligentes, sistemas de monitoreo en tiempo real, control de calidad de servicio (QoS) y simulaciones de red 5G. Los desarrolladores en telecomunicaciones y IoT (internet de las cosas) eligen C++ para construir aplicaciones que requieren un alto nivel de rendimiento y baja latencia, cualidades esenciales en el entorno 5G.

➲ **El futuro de C++ en la industria de 5G.** A medida que el estándar de red 5G se expande globalmente, se prevé que C++ mantenga su papel crucial, especialmente en aplicaciones de inteligencia artificial en el borde de la red *(edge computing)*, IoT y vehículos autónomos.

Con las próximas versiones de C++ (como C++20 y posteriores), el lenguaje sigue añadiendo capacidades que facilitarán el desarrollo de aplicaciones más seguras y eficientes. Estas versiones incorporan módulos, corrutinas y otras características que permiten escribir código concurrente de forma más segura y simplificada, lo cual es valioso para la programación de redes de alto rendimiento, como las de 5G.

DEFINICIÓN

C++
Es un lenguaje de programación de propósito general, de tipo compilado y con soporte para programación orientada a objetos (OOP), que fue creado por Bjarne Stroustrup en 1979 como una extensión del lenguaje C.

C++ combina las características del lenguaje C, como el control directo de recursos de *hardware* y la gestión de memoria, con las ventajas de la programación orientada a objetos, como la reutilización de código y la modularidad.

- -

Este lenguaje es ampliamente utilizado en el desarrollo de sistemas que requieren alto rendimiento y eficiencia, como aplicaciones de tiempo real, sistemas embebidos, videojuegos o aplicaciones científicas, y en el desarrollo de *software* para redes de telecomunicaciones, como las de 5G.

Como uno de los lenguajes de programación más versátiles, C++ se utiliza ampliamente en aplicaciones complejas como videojuegos, sistemas operativos, *software* financiero y aplicaciones en sistemas embebidos. La elección de las herramientas de desarrollo puede afectar significativamente la eficiencia y calidad del código, así como la productividad del desarrollador. A continuación, se profundiza en estos aspectos.

2.1. Importancia de seleccionar las herramientas adecuadas

Una adecuada selección de las herramientas permite optimizar el rendimiento, la calidad y la seguridad del código, lo cual es especialmente importante en proyectos C++ donde la eficiencia y la precisión son críticas:

Productividad del desarrollador
Las herramientas correctas pueden reducir el tiempo necesario para codificar, depurar y mantener un proyecto. Por ejemplo, un IDE (entorno de desarrollo integrado) con depurador incorporado facilita la localización de errores y permite realizar cambios más rápidamente.

Calidad y eficiencia del código
Al usar compiladores y herramientas de análisis estático, los desarrolladores pueden identificar y corregir errores antes de que el código sea ejecutado en producción. Además, algunos compiladores permiten optimizar el código para mejorar su rendimiento.

Mantenimiento y escalabilidad
A medida que un proyecto crece, las herramientas de documentación, control de versiones y organización del proyecto son esenciales para mantener un código limpio y fácil de escalar.

Adaptabilidad a distintos tipos de proyectos
Las herramientas deben elegirse considerando si el proyecto será ejecutado en un entorno específico (como sistemas embebidos o aplicaciones multiplataforma) o si requiere integración con otros lenguajes o sistemas.

2.2. Herramientas

Las principales herramientas para emplear, desarrollar, depurar y optimizar aplicaciones de C++ en un entorno de red 5G son:

- **Compiladores.** El compilador convierte el código fuente en código máquina ejecutable, y la eficiencia del compilador es clave en el rendimiento de la aplicación.
- **Entornos de desarrollo integrado (IDE).** Los IDE facilitan la escritura, depuración y compilación del código, proporcionando una interfaz amigable y herramientas adicionales que mejoran la productividad. Principalmente son *Visual Studio* y *Arduino IDE.*

- **Bibliotecas y *frameworks*.** Las bibliotecas son esenciales para reutilizar código y facilitar el desarrollo de funcionalidades complejas. Dos de las colecciones más populares en C++ son:
  - Boost C++ *libraries: Boost* es una de las colecciones más robustas de bibliotecas C++ que extienden las capacidades del lenguaje. Ofrece soluciones para manejar concurrencia, estructuras de datos avanzadas y algoritmos matemáticos, entre otras.
  - Poco C++ *libraries:* estas bibliotecas están especialmente diseñadas para aplicaciones de redes, sistemas embebidos y dispositivos IoT, lo que las convierte en una excelente opción para desarrollar soluciones en entornos 5G. Poco permite implementar protocolos de comunicación eficientes entre dispositivos IoT y servidores en tiempo real.

- **Herramientas de depuración y análisis de rendimiento.** Depurar y analizar el rendimiento del código es crucial para garantizar que las aplicaciones funcionen de manera eficiente y sin errores en un entorno 5G. Las herramientas más destacadas son:
  - GDB (GNU *debugger):* es el depurador estándar para C++ en entornos Unix y Linux. GDB permite a los desarrolladores ejecutar el código paso a paso, inspeccionar variables y cambiar el flujo de ejecución para identificar y resolver problemas complejos. Hace que las aplicaciones diseñadas para redes 5G no solo funcionen correctamente, sino que también sean eficientes y seguras.
  - Valgrind: es una herramienta de detección de errores en la gestión de memoria, esencial en C++, donde los problemas de gestión de memoria pueden degradar significativamente el rendimiento. Se puede utilizar Valgrind para identificar fugas de memoria y problemas de sobrecarga que afecten al rendimiento de las aplicaciones en 5G.
  - Perf: es una herramienta de análisis de rendimiento del sistema que permite a los desarrolladores detectar cuellos de botella en el rendimiento de las aplicaciones. Se puede usar Perf para analizar el uso de CPU, memoria y otros recursos críticos en las aplicaciones C++ que operan sobre redes 5G.

- **Control de versiones.** Es fundamental para la colaboración en equipos y el seguimiento de cambios en el código. *Git* es el sistema de control de versiones más utilizado en el mundo del desarrollo de *software.* Permite la colaboración efectiva en equipos de desarrollo y asegura que cada cambio en el código sea rastreable y reversible. Se utiliza *Git* para gestionar proyectos de C++ de manera eficiente, colaborando con diferentes equipos y manteniendo un control riguroso sobre el desarrollo de aplicaciones para redes 5G.

- ➲ **Contenedores y virtualización.** La virtualización y los contenedores permiten desplegar aplicaciones en entornos controlados y estandarizados. En el desarrollo moderno, *Docker* se ha convertido en una herramienta esencial para empaquetar aplicaciones y desplegarlas de manera confiable en cualquier entorno.
- ➲ **Integración continua/entrega continua (CI/CD).** Las herramientas de CI/CD automatizan el proceso de compilación, pruebas y despliegue, asegurando la calidad del código en cada cambio. Jenkins es una herramienta de automatización que permite a los desarrolladores configurar *pipelines* para la compilación, pruebas y despliegue continuo de aplicaciones. Se implementa Jenkins para automatizar el ciclo de vida de desarrollo de aplicaciones en C++, asegurando que cada actualización del código esté correctamente probada y lista para su despliegue en infraestructuras de redes 5G.

Entre los compiladores se pueden destacar:

- ➲ **GCC (GNU *compiler collection*):** es un compilador gratuito y de código abierto ampliamente utilizado en el desarrollo de C++. Es muy versátil y compatible con diversas plataformas, por lo que es una opción ideal para proyectos que van desde sistemas embebidos hasta servidores de alto rendimiento. Se puede utilizar GCC para compilar aplicaciones que deben ejecutarse en arquitecturas variadas dentro de una infraestructura 5G, desde nodos de computación en el borde hasta dispositivos IoT.
- ➲ **Clang/LLVM:** es una alternativa a GCC que ofrece herramientas avanzadas para análisis de código, advertencias detalladas y optimización de rendimiento. Su capacidad para generar código de alto rendimiento es especialmente útil en aplicaciones que requieren la máxima eficiencia, como las que operan en tiempo real en redes 5G.

 SABÍAS QUE...

C++ originalmente fue llamado "C con Clases" cuando su creador, Bjarne Stroustrup, lo desarrolló en 1979. Stroustrup trabajaba en su tesis doctoral y necesitaba un lenguaje que combinara la eficiencia de C con las características de Simula, un lenguaje que facilitaba la programación orientada a objetos. Sin embargo, C no ofrecía estas capacidades, así que decidió crear su propia extensión del lenguaje. Finalmente, en 1983, el lenguaje fue renombrado como C++, reflejando el operador de incremento en C ("++"), como un juego de palabras que simboliza la "mejora" o la evolución de C.

DEFINICIÓN

Boost.Asio

Es una biblioteca de C++ para realizar operaciones de entrada/salida (E/S) de manera asíncrona. Está incluida en la biblioteca Boost y es ampliamente utilizada para desarrollar aplicaciones de red de alto rendimiento, como servidores, clientes y sistemas de comunicación que requieren alta concurrencia y eficiencia.

- -

Boost.Asio es muy popular en aplicaciones de red, debido a su capacidad para manejar conexiones de red de manera eficiente y con un alto rendimiento. En un entorno de 5G, por ejemplo, Boost.Asio es útil para:

➲ Transmitir datos en tiempo real.
➲ Manejar múltiples conexiones simultáneas.
➲ Realizar operaciones asíncronas en redes.

EJEMPLO

Para la implementación de comunicación cliente-servidor usando Boost.Asio, se crea:

- Un servidor que escucha las conexiones entrantes y responde a los mensajes recibidos.
- Un cliente que se conecta al servidor y envía un mensaje de "paquete" simulando datos de transmisión.

Es un modelo básico que puede ampliarse para simular una transmisión de datos constante, como la que se utiliza en aplicaciones de 5G.

Se necesita tener instalada la biblioteca Boost en el entorno de desarrollo y compilar el programa, usando el compilador de C++ con la opción -lboost_system para vincular la biblioteca Boost.Asio.

- -

Las redes 5G requieren comunicación rápida y de baja latencia, y Boost.Asio facilita el manejo de conexiones asíncronas y múltiples clientes simultáneos. Este tipo de estructura es fundamental para gestionar la transmisión de datos en tiempo real en aplicaciones críticas, como las de IoT y comunicaciones de vehículos autónomos, donde es esencial que cada paquete se reciba y se procese eficientemente.

2.3. Beneficios generales del uso de cada herramienta

A continuación, puedes ver la descripción de los beneficios generales del uso de cada herramienta:

IDE

Los IDE simplifican el flujo de trabajo al integrar diferentes herramientas en una sola interfaz. Suelen incluir depuración integrada, resaltado de errores en tiempo real y plantillas para facilitar la creación de proyectos nuevos.

Compiladores

Los compiladores optimizan el código en términos de velocidad y uso de memoria. El uso de un buen compilador permite detectar errores en tiempo de compilación y aplicar mejoras de rendimiento específicas de la arquitectura de *hardware*.

Depuradores

Estas herramientas permiten a los desarrolladores observar cómo se comporta su código durante la ejecución y descubrir errores lógicos que no son evidentes en el código fuente.

Control de versiones

Garantiza la colaboración fluida entre varios desarrolladores y el seguimiento de cambios, permitiendo la recuperación de versiones anteriores y el trabajo en diferentes ramas de desarrollo.

Documentación

Una documentación adecuada asegura que otros desarrolladores puedan entender y trabajar en el proyecto, especialmente en proyectos de código abierto o de larga duración.

Continúa en página siguiente >>

<< Viene de página anterior

Automatización y compilación

Ayuda a gestionar y construir proyectos complejos mediante la automatización de tareas repetitivas, lo que reduce errores humanos y permite una compilación rápida y precisa en diferentes plataformas.

Es fundamental elegir herramientas que se adapten al tipo de proyecto en desarrollo. Por ejemplo:

- **Proyectos embebidos:** IDE como *Arduino,* combinados con compiladores optimizados para sistemas de bajo consumo.
- **Proyectos de *software* a gran escala:** *CMake* para la gestión de dependencias y compiladores optimizados como Clang o GCC.
- **Proyectos colaborativos:** integración de *Git* y *GitHub* para control de versiones y colaboración eficiente.

 **EJEMPLO**

Análisis de latencia en red con C++

Imagina que se desea medir la latencia de diferentes nodos en una red 5G para identificar posibles cuellos de botella. Para esto, podríamos usar C++ debido a su velocidad y eficiencia en la gestión de memoria.

1. **Herramientas necesarias:** para este ejemplo, se utilizaría una biblioteca como *<chrono>* en C++ para realizar mediciones de tiempo precisas, y posiblemente *<thread>* para simular múltiples conexiones.
2. **Código básico:** el siguiente fragmento ilustra cómo medir el tiempo que toma una operación (representada en el código siguiente por una función de procesamiento) en un entorno de red.

```cpp
#include <iostream>
#include <chrono>
#include <thread>
```

Continúa en página siguiente >>

<< Viene de página anterior

```cpp
void procesar_datos() {
    std::this_thread::sleep_for
(std::chrono::milliseconds (100)); // Simulación de
procesamiento de datos
}

int main() {
    auto inicio = std::chrono::high_resolution_
clock::now(); // Comienza la medición de tiempo
    procesar_datos(); // Procesa datos, simulando una
operación en la red
    auto fin = std::chrono::high_resolution_clock::now
(); // Termina la medición de tiempo
    auto duracion = std::chrono::duration_cast
<std::chrono::milliseconds>(fin - inicio)

    std::cout << "Tiempo de procesamiento: " <<
duracion.count () << " ms" << std::endl;
    return 0;

}
```

Aquí, la función **procesar datos** simula una operación de red, mientras que *<chrono>* mide el tiempo en milisegundos. Este tipo de medición es útil en redes 5G para entender la latencia y evaluar la velocidad de respuesta del sistema en condiciones de alta demanda de datos.

Este tipo de aplicación en C++ es crucial en el entorno 5G, donde la latencia mínima y el procesamiento rápido son esenciales. Además, el uso de bibliotecas estándar permite que el código sea portable y eficiente.

Una de las principales cualidades del entorno 5G es la respuesta rápida a los procesamientos de datos y, sobre todo, la particularidad de realizarlos en tiempo real. Para gestionar estas acciones se debe comprender cómo gestionar grandes volúmenes de datos con baja latencia y alta eficiencia.

En redes 5G, el procesamiento en tiempo real permite manejar aplicaciones críticas que dependen de respuestas inmediatas, como el control de tráfico en ciudades inteligentes, la comunicación en vehículos autónomos o la gestión de dispositivos IoT.

 **DEFINICIÓN**

Concepto de procesamiento en tiempo real

En redes 5G, el procesamiento en tiempo real implica la captura, procesamiento y transmisión de datos con un retardo mínimo, para que el usuario reciba respuestas casi instantáneas. Esto requiere un sistema de baja latencia y alta disponibilidad, donde los datos se procesan en el mismo momento en que llegan.

Los requerimientos técnicos para un procesamiento en tiempo real eficaz son:

Baja latencia

Las redes 5G tienen una latencia de aproximadamente 1 ms, lo que significa que las aplicaciones en tiempo real deben ser capaces de capturar y procesar datos en milisegundos.

Alta concurrencia

Los sistemas de 5G pueden manejar miles de dispositivos conectados simultáneamente, por lo que el procesamiento en tiempo real también implica la capacidad de gestionar múltiples flujos de datos a la vez.

Uso eficiente de recursos

La gestión de memoria y CPU debe ser óptima para evitar sobrecargas y asegurar la respuesta rápida a las demandas de datos.

3. Diferencias entre IDE *Visual Studio* y *Arduino IDE*

 **HILO CONDUCTOR**

Para TechCity Solutions, *Visual Studio* sería una opción ideal para desarrollar aplicaciones críticas de *backend* que requieren un alto grado de optimización en entornos 5G.

Aunque elegir entre los IDE dependerá del contexto del proyecto:

- Para soluciones de *backend* o aplicaciones críticas en redes 5G, *Visual Studio* sería la mejor opción, debido a su robustez, escalabilidad y herramientas avanzadas de depuración.
- Para proyectos de IoT que involucren el uso de sensores y microcontroladores conectados a una red 5G, *Arduino IDE* proporciona un entorno ligero y eficiente para trabajar directamente con el *hardware.*

Los entornos de desarrollo integrado (IDE) facilitan la escritura, depuración y compilación del código, proporcionando una interfaz amigable y herramientas adicionales que mejoran la productividad. Existen dos principalmente:

➲ *Visual Studio*
➲ *Arduino IDE*

✎ DEFINICIÓN

Visual Studio
Uno de los IDE más completos y potentes para C++. Ofrece un conjunto avanzado de herramientas para escribir y depurar código, con características como análisis estático de código, integración con sistemas de control de versiones (como *Git)* y perfiles de rendimiento.

Arduino IDE
Aunque es más sencillo que *Visual Studio,* el *Arduino IDE* es ideal para desarrollar *software* para dispositivos embebidos que forman parte de redes IoT conectadas

Continúa en página siguiente >>

<< Viene de página anterior

a 5G. Dado que muchos dispositivos en redes 5G son de baja potencia y están orientados a tareas específicas, *Arduino* es adecuado para escribir *firmware* en C++ que gestione la comunicación entre sensores y la red.

- -

◎ EJEMPLO

En un sistema manual para gestionar una red de semáforos en una ciudad, los ingenieros definirían reglas fijas sobre cómo operar los semáforos en función de ciertos datos de tráfico, pero estos sistemas no podrían aprender o ajustarse automáticamente si las condiciones del tráfico cambian inesperadamente, como en caso de un accidente o evento masivo.

- -

3.1. Comparación entre Visual Studio y Arduino IDE

A continuación, puedes ver la comparación entre *Visual Studio* y *Arduino IDE:*

➲ Propósito y uso:

◗ *Visual Studio:* es un IDE completo y versátil diseñado para una amplia gama de lenguajes de programación y plataformas. Es particularmente fuerte en C++, *C#, Python, F#* y *JavaScript,* entre otros. Está pensado para el desarrollo de aplicaciones complejas, como *software* empresarial, videojuegos, sistemas operativos y aplicaciones web. Ofrece un entorno altamente profesional con un conjunto robusto de herramientas para desarrollo de *software* a gran escala, lo que lo convierte en una opción preferida para proyectos en redes 5G que requieren alta optimización y rendimiento.

◗ *Arduino IDE:* este IDE es ligero y sencillo, creado principalmente para el desarrollo de *firmware* en microcontroladores y dispositivos embebidos. Aunque soporta C++ como su principal lenguaje, está diseñado específicamente para programar placas de Arduino y otros microcontroladores en entornos de *hardware* limitado. Es ideal para proyectos IoT (internet de las cosas) y aplicaciones de bajo nivel que no necesitan la complejidad de un IDE grande. Su enfoque está en la simplicidad y la facilidad de uso, lo que lo hace muy popular entre los desarrolladores de *hardware* y aficionados.

➲ **Compatibilidad y soporte de lenguajes:**

◑ *Visual Studio:* soporta una amplia gama de lenguajes de programación. Aunque se destaca por su soporte a C++, también incluye características avanzadas para otros lenguajes, como C#, Python y F#, lo que lo convierte en un IDE multiplataforma. Esto permite que se utilice para trabajar en proyectos que involucren diferentes componentes y tecnologías, como desarrollo de aplicaciones de red 5G en *backend,* sistemas distribuidos y simulaciones complejas.

◑ *Arduino IDE:* está diseñado principalmente para C++ y es compatible con lenguajes derivados para la programación de placas Arduino. Su funcionalidad está orientada específicamente a proyectos de *hardware* embebido. Aunque es compatible con algunas bibliotecas de C++, no ofrece el mismo nivel de soporte ni diversidad de lenguajes que *Visual Studio. Arduino IDE* es ideal para proyectos IoT que requieren control directo de *hardware* y necesitan estar integrados con redes 5G.

➲ **Escalabilidad:**

◑ *Visual Studio:* es altamente escalable para proyectos grandes y complejos. Permite desarrollar aplicaciones que operan en múltiples capas (*frontend, backend,* base de datos) y es ideal para proyectos empresariales, aplicaciones distribuidas y sistemas complejos como los que requieren una red 5G.

◑ *Arduino IDE:* aunque es muy eficaz para proyectos pequeños y medianos, su escalabilidad está limitada por su simplicidad. Es ideal para desarrollos rápidos de prototipos de IoT o sistemas embebidos, pero no para manejar aplicaciones empresariales o de *backend* a gran escala.

➲ **Extensiones y personalización:**

◑ *Visual Studio:* ofrece un ecosistema enorme de extensiones que permiten personalizar la experiencia del desarrollo; desde integración con *frameworks* de inteligencia artificial hasta herramientas específicas para mejorar el rendimiento de C++. Esto significa que *Visual Studio* se puede adaptar a las necesidades específicas de desarrollo en 5G, añadiendo herramientas de análisis de redes o procesamiento en tiempo real, entre otras.

◑ *Arduino IDE:* aunque limitado en cuanto a la personalización, *Arduino IDE* permite añadir bibliotecas específicas para *hardware* o funciones adicionales a través de su gestor de bibliotecas, facilitando la creación de aplicaciones para microcontroladores y dispositivos IoT.

➲ **Costes:**

◉ *Visual Studio:* existen versiones gratuitas (como Visual Studio Community), pero las versiones más avanzadas y completas, como Visual Studio Enterprise, tienen un coste. Sin embargo, el nivel de funcionalidad avanzada justifica el precio en proyectos grandes.

◉ *Arduino IDE:* es completamente gratuito y de código abierto, lo que lo hace accesible para cualquier desarrollador, especialmente en proyectos pequeños o de bajo presupuesto.

➲ **Ecosistema de soporte y comunidad:**

◉ *Visual Studio:* al ser un producto de *Microsoft,* tiene un ecosistema enorme de documentación, tutoriales y una amplia comunidad de usuarios. Además, hay soporte técnico disponible para las versiones de pago, lo que puede ser crucial en proyectos complejos.

◉ *Arduino IDE:* aunque su comunidad es más pequeña que la de *Visual Studio,* es extremadamente activa, especialmente entre desarrolladores de *hardware,* ingenieros electrónicos y aficionados. La abundancia de proyectos de código abierto facilita la resolución de problemas y la creación de prototipos.

3.2. Características avanzadas

A continuación, se pueden ver las características más avanzadas de *Visual Studio y Arduino IDE:*

➲ *Visual Studio:*

◉ Depuración avanzada: *Visual Studio* ofrece depuradores sofisticados que permiten seguir paso a paso la ejecución del código, definir puntos de interrupción *(breakpoints),* inspeccionar variables y realizar análisis de memoria.

◉ Análisis estático del código: *Visual Studio* incluye herramientas como *Code Analysis* para encontrar errores en el código antes de la ejecución, lo que mejora la calidad y estabilidad de las aplicaciones.

◉ *IntelliSense:* proporciona autocompletado de código inteligente y sugerencias basadas en el contexto del código, lo que facilita la escritura de código limpio y eficiente.

◆ Integración con *Git* y *DevOps:* permite la integración directa con sistemas de control de versiones como *Git,* lo que es esencial para la colaboración en equipo. Además, *Visual Studio* está estrechamente integrado con plataformas como *Azure DevOps,* facilitando así el despliegue continuo y la automatización de pruebas, lo que lo hace ideal para el ciclo completo de desarrollo.

◆ Capacidades multiplataforma: con herramientas como *Visual Studio Code* y extensiones, permite desarrollar aplicaciones en múltiples sistemas operativos, incluyendo *Windows, Linux* y *macOS.*

➲ ***Arduino IDE:***

◆ Simplicidad y facilidad de uso: *Arduino IDE* es conocido por su interfaz amigable y la facilidad con la que se pueden escribir programas simples para interactuar con *hardware* embebido.

◆ Subida directa de código al *hardware:* a diferencia de *Visual Studio, Arduino IDE* permite cargar el código directamente en las placas de Arduino con solo un clic, lo que lo convierte en una opción rápida y eficiente para trabajar con *hardware* físico en tiempo real.

Compatibilidad con bibliotecas específicas: *Arduino IDE* tiene una gran cantidad de bibliotecas diseñadas para trabajar con sensores, actuadores y módulos de comunicación. Esto es ideal cuando trabaja en proyectos de IoT que se conectan a la red 5G a través de dispositivos embebidos.

 **EJEMPLO**

Se está desarrollando un sistema de monitoreo de tráfico en una ciudad inteligente, en el cual varios sensores distribuidos en las calles recolectan datos en tiempo real sobre el flujo vehicular y los transmiten a un servidor central a través de una red 5G. Este sistema optimiza el control de semáforos, ajusta el tráfico según la demanda y mejora la seguridad vial.

El sistema consta de dos partes:

1. **Dispositivos IoT (sensores de tráfico)** que capturan datos y los transmiten a través de la red 5G. Programación de dispositivos IoT con *Arduino IDE:*

   · *Hardware:* sensores de tráfico conectados a una placa *Arduino,* equipada con un módulo de comunicación 5G.

Continúa en página siguiente >>

<< Viene de página anterior

- Tarea: los sensores deben medir el número de vehículos que pasan por una intersección y enviar esa información al servidor cada 5 s.

2. **Servidor *backend*** que procesa los datos recibidos y toma decisiones para controlar los semáforos y notificar posibles congestiones. Desarrollo del servidor *backend* con *Visual Studio:*

   - Recibe los datos en tiempo real desde los sensores conectados por 5G.
   - Procesa los datos de forma concurrente utilizando múltiples hilos (gracias a la gestión avanzada de hilos que *Visual Studio* y C++ permiten).
   - Ajusta el tiempo de los semáforos con base en el análisis del tráfico.

Más allá de las diferencias o similitudes técnicas entre *IDE Visual Studio* y *Arduino IDE,* cabe destacar algunas curiosidades que presentan ambos entornos de desarrollos integrados.

Curiosidades sobre *IDE Visual Studio:*

Orígenes y competencia con Borland
Cuando *Microsoft* lanzó *Visual Studio* en 1997, buscaba competir con Borland, una empresa que dominaba el mercado de los entornos de desarrollo con herramientas populares como Borland C++ y Delphi. *Microsoft* vio una oportunidad de capturar el mercado de desarrollo con una herramienta todo-en-uno, lo que llevó al nacimiento de Visual Studio. Con el tiempo, *Microsoft* logró su objetivo, y *Visual Studio* se convirtió en uno de los IDE más utilizados, especialmente en entornos empresariales.

Edición de código en tiempo real con Visual Studio Live Share
Una de las características más innovadoras y recientes de *Visual Studio* es Live Share, lanzada en 2018. Esta función permite a los desarrolladores editar el mismo archivo en tiempo real desde diferentes ubicaciones, similar a la edición colaborativa en *Google Docs*, pero para código. *Live Share* es muy popular entre equipos de desarrollo distribuidos y para sesiones de programación en pareja *(pair programming)*. La idea surgió de la creciente necesidad de colaboración remota, y fue particularmente útil durante la pandemia de COVID-19, cuando el trabajo remoto se volvió indispensable.

Continúa en página siguiente >>

<< Viene de página anterior

> **Easter Eggs de Clippy**
> *Visual Studio* rinde un pequeño homenaje al famoso (y a veces infame) asistente de *Microsoft Office*, Clippy. En la versión 2019, cuando activas ciertos temas y personalizaciones en el editor de texto, puedes ver pequeñas referencias a Clippy en las sugerencias y ayudas de *Visual Studio*. Esto es un guiño a la historia de *Microsoft* y a la nostalgia por sus antiguos productos, aunque en esta versión Clippy es más amigable y menos invasivo.

> **Lenguaje de programación y personalización**
> Aunque *Visual Studio* se creó principalmente para C++ y .NET, actualmente admite una gran variedad de lenguajes, incluyendo *Python, JavaScript* y *TypeScript,* gracias a su extensibilidad. Su personalización es tan grande que existen anécdotas de desarrolladores que han transformado *Visual Studio* en una especie de "juego", aplicando temas de videojuegos y sonidos personalizados al entorno.

Curiosidades sobre *Arduino IDE:*

- **El IDE simplificado para fomentar la creatividad.** Cuando *Arduino IDE* fue diseñado, su propósito no era competir con IDE complejos, sino simplificar al máximo el proceso de escritura de código para *hardware.* La idea era acercar la programación a personas que nunca antes habían programado, incluyendo artistas y estudiantes. Esto hizo que el *Arduino IDE* fuese intencionadamente minimalista, con pocas opciones, para que cualquier persona pudiera empezar a crear sin la intimidación de un entorno complicado.
- **Basado en *Processing*.** *Arduino IDE* está basado en *Processing,* un lenguaje y entorno de desarrollo creado para artistas y diseñadores visuales. *Processing* también fue diseñado para ser fácil de aprender y orientado a la creatividad. Los creadores de *Arduino* se inspiraron en este proyecto para diseñar una interfaz que tuviera el mismo espíritu: accesible, simplificada y enfocada en el aprendizaje.
- **El botón de Subir (Upload).** Uno de los elementos más distintivos y queridos de *Arduino IDE* es el botón **Upload.** A diferencia de la compilación y ejecución en IDE tradicionales, *Arduino IDE* tiene un solo botón que, con un clic, compila el código y lo carga en el microcontrolador. La simplicidad de este botón es algo que los creadores querían preservar y es una de las características que hace que programar en *Arduino* sea tan accesible para principiantes.
- **La "magia" de *Blink*.** Uno de los primeros programas que cualquier persona aprende a escribir en *Arduino* es el famoso *Blink,* que simplemente hace parpadear un LED en la placa. *Blink* se ha convertido en un "rito de

iniciación" para los nuevos usuarios de *Arduino,* y se dice que, en eventos de *Arduino,* el éxito de los participantes suele medirse en la cantidad de LED que logran hacer parpadear. Además, el *Blink* es tan famoso que existen múltiples versiones de él, algunas en las que el LED parpadea con patrones de código Morse.

⊃ **Comunidad internacional y traducción.** El *Arduino IDE* ha sido traducido por la comunidad a múltiples idiomas. Esto es especialmente relevante porque *Arduino* fue creado en Italia, y el equipo fundador quería que el proyecto fuese accesible en muchas partes del mundo. *Arduino* también celebra anualmente el *Arduino Day,* un evento en el que entusiastas de todo el mundo comparten sus proyectos y experiencias.

 ## ACTIVIDAD COMPLEMENTARIA

1. Imagina que eres parte de un equipo de desarrollo en una empresa tecnológica que está construyendo una aplicación para monitorear y controlar dispositivos conectados en una red 5G. El objetivo del proyecto es optimizar el rendimiento de la aplicación y garantizar que los datos de cada dispositivo se envíen y se reciban en tiempo real. Se tiene la responsabilidad de evaluar diferentes herramientas y entornos de desarrollo (IDE) para decidir cuál es la mejor opción para cada fase del desarrollo y el despliegue de la aplicación.

Evalúa dos entornos de desarrollo: *Visual Studio* y *Arduino IDE*, para determinar cuál se ajusta mejor a las necesidades del proyecto. Además, investiga herramientas que optimicen el trabajo en C++, como compiladores, *debuggers* y opciones de personalización que mejoren la productividad.

Para ayudar a la elección, las pautas a seguir son:

· Investigación sobre las herramientas de C++
· Análisis comparativo general entre los dos entornos
· Evaluación de escenarios prácticos en entornos 5G

En resumen:

⊃ *Visual Studio* es la mejor opción para proyectos avanzados y aplicaciones complejas de red, como las necesarias en un entorno 5G. Su soporte para depuración avanzada, gestión de dependencias y colaboración lo convierte en un IDE robusto para el desarrollo de aplicaciones de alto rendimiento y baja latencia.

◗ *Arduino IDE* es ideal para el desarrollo rápido de prototipos y para quienes trabajan con *hardware* de microcontroladores en proyectos IoT pequeños y específicos. Su sencillez es perfecta para iniciar el desarrollo en microcontroladores, pero carece de la robustez y las herramientas necesarias para aplicaciones complejas y escalables en 5G.

4. Gestión de operadores de asignación

 HILO CONDUCTOR

La gestión adecuada de los operadores de asignación en C++ es crucial para garantizar la eficiencia y estabilidad en el código, especialmente en entornos 5G, donde la transmisión y procesamiento de datos en tiempo real requieren un uso óptimo de los recursos del sistema. TechCity Solutions puede aprovechar las copias profundas, semánticas de movimiento y las reglas de los tres y cinco para desarrollar aplicaciones más rápidas, robustas y escalables, minimizando el riesgo de errores de memoria y maximizando el rendimiento del sistema.

La **gestión de operadores de asignación** es un aspecto clave en el desarrollo de aplicaciones en **C++**, especialmente en entornos que requieren alta eficiencia y control preciso de los recursos, como es el caso de aplicaciones en redes 5G. El operador de asignación (=) es utilizado para copiar valores de un objeto a otro. Aunque puede parecer una operación sencilla, en C++ tiene varias implicaciones que pueden afectar tanto el **rendimiento** como el **comportamiento** de los programas.

Operadores de asignación:

◗ **Operador de asignación básico.** En su forma más básica, el operador de asignación copia los valores de las variables miembro de un objeto a otro. En proyectos donde los dispositivos embebidos y los servidores procesan una gran cantidad de datos en tiempo real, la gestión eficiente del operador de asignación es crucial. Un mal uso de este operador podría provocar un aumento innecesario del consumo de memoria y la latencia del sistema.

➲ **Asignación profunda** *(deep copy)* **vs asignación superficial** *(shallow copy):*

 ◖ *Deep copy* **(copia profunda).** Una asignación profunda copia no solo los valores del objeto, sino también los datos a los que apunta, creando nuevas instancias de esos datos en memoria. Esto asegura que cada objeto sea independiente del otro, evitando conflictos y errores.
 ◖ *Shallow copy* **(copia superficial).** En una asignación superficial, solo se copian las direcciones de los punteros, en lugar de copiar los valores reales a los que apuntan. Esto puede ser peligroso si los dos objetos terminan compartiendo los mismos datos, lo que puede causar problemas de doble liberación de memoria cuando se destruye uno de los objetos.

➲ **Operador de asignación móvil** *(move assignment operator).* Con la llegada de C++11, se introdujo el concepto de semánticas de movimiento *(move semantics),* que permite transferir los recursos de un objeto a otro sin hacer copias, mejorando el rendimiento al evitar copias innecesarias de datos. Esto es especialmente importante en entornos de alto rendimiento como las redes 5G, donde es crítico minimizar el consumo de memoria y aumentar la velocidad de ejecución.

➲ **Regla de los tres y regla de los cinco.** Cuando trabajamos con clases que gestionan memoria dinámica, es necesario implementar correctamente tres o cinco métodos para asegurar que los recursos se gestionen de manera eficiente. Esto es esencial para evitar errores de fugas de memoria, doble eliminación o comportamientos inesperados en el programa.
Regla de los tres: si una clase necesita implementar uno de los siguientes tres métodos, debe implementar los tres para gestionar correctamente los recursos:

1. Destructor (~ClassName())
2. Constructor de copia (ClassName(const ClassName& other))
3. Operador de asignación por copia (ClassName& operator=(const ClassName& other))

Regla de los cinco: con la llegada de las semánticas de movimiento en C++11, si una clase maneja recursos dinámicos, también debe considerar:

4. Constructor de movimiento (ClassName(ClassName&& other))
5. Operador de asignación por movimiento (ClassName& operator=(ClassName&& other))

Implementar correctamente estos métodos asegura que TechCity Solutions pueda gestionar de manera eficiente los recursos en sus proyectos de desarrollo C++ para redes 5G, donde la sobrecarga y la gestión incorrecta de memoria pueden afectar negativamente el rendimiento.

```cpp
class Sensor {
public:
    int id;
    std::string nombre;
    Sensor& operator=(const Sensor& other) {
        if (this != &other) {
            id = other.id;
            nombre = other.nombre;
        }
        return *this;
    }
};
```

Ejemplo de código de asignación básico. Operador de asignación (operator =). Copia los atributos del objeto Sensor.

```cpp
class Sensor {
public:
    int* datos;
    Sensor& operator=(const Sensor& other) {
        if (this != &other) {
            datos = other.datos;  // Solo copia el puntero, no los datos reales
        }
        return *this;
    }
};
```

Ejemplo de código de una shallow copy. En este caso, tanto el objeto original como el copiado comparten el mismo bloque de memoria, lo que puede causar problemas de seguridad y rendimiento.

```cpp
class Sensor {
public:
    int* datos;

    // Operador de asignación por movimiento
    Sensor& operator=(Sensor&& other) noexcept {
        if (this != &other) {
            delete[] datos;  // Libera la memoria existente
            datos = other.datos;  // Mueve los datos
            other.datos = nullptr;  // Elimina la referencia del objeto original
        }
        return *this;
    }
};
```

Ejemplo de código de un operador de asignación móvil. En este caso, en lugar de copiar los datos de un objeto a otro, simplemente se "mueven", transfiriendo la propiedad de los recursos de un objeto a otro, sin duplicar los datos.

El lenguaje C++ permite gestionar los recursos de forma detallada y optimizada en proyectos complejos. Algunas técnicas avanzadas son útiles en aplicaciones de alto rendimiento, como las que requieren redes 5G, donde la eficiencia en la gestión de recursos es clave. Entre ellas se pueden destacar:

- **El papel de los *smart pointers*.** Los *smart pointers* (std::unique_ptr, std::shared_ptr) han cambiado la forma en que se gestionan los recursos y la asignación en C++. Con la llegada de C++11, los punteros inteligentes permiten controlar la asignación y liberación de memoria automáticamente, lo cual es útil para evitar problemas comunes como fugas de memoria o referencias colgantes.
  Estos punteros pueden usarse en lugar de implementar operadores de asignación de forma explícita, especialmente en estructuras que manejan recursos dinámicos. Por ejemplo, std::unique_ptr facilita la implementación de la asignación móvil sin necesidad de una copia profunda.

- *Copy-and-swap idiom* **(idioma de copia e intercambio).** Este es un patrón común en C++ para implementar de manera segura el operador de asignación de copia (operator=). Funciona creando una copia temporal del objeto, intercambiando sus recursos con el objeto original y dejando que el temporal se destruya automáticamente. Esto asegura que el operador sea excepcionalmente seguro (no afecta el estado del objeto en caso de error).
  Este patrón es útil para manejar la asignación profunda y puede simplificar la implementación de las reglas de los tres y los cinco.

- **Operador de asignación de movimiento en composición con objetos complejos.** En objetos complejos, el operador de asignación de movimiento puede tener particularidades, especialmente cuando se trata de estructuras con múltiples recursos asignados dinámicamente. Es importante definir cómo se moverán cada uno de estos componentes (ya sea copiando solo referencias o transfiriendo propiedad de los recursos).
Cuando hay varios recursos (por ejemplo, punteros y estructuras internas), se recomienda gestionar la transferencia de propiedad de cada recurso para evitar duplicación innecesaria y liberar adecuadamente la memoria.

- **Optimización de asignación para estructuras de datos inmutables.** En algunos casos, las estructuras de datos pueden definirse como inmutables (no cambiables una vez asignadas), lo cual simplifica las reglas de asignación. En tales estructuras, la asignación profunda no suele ser necesaria, y puede reducirse el coste de copia.
Las clases inmutables evitan la implementación de operadores de asignación complejos, ya que su contenido no cambia después de la creación. Este enfoque puede ser útil cuando se busca optimización en recursos y rendimiento.

- **Implementación de asignación eficiente en contenedores propios.** Para los programadores que crean sus propios contenedores personalizados (como listas enlazadas o árboles), los operadores de asignación pueden requerir un enfoque especial. Los contenedores suelen tener elementos dinámicos que deben manejarse con cuidado en la copia y el movimiento.
La implementación de constructores y operadores de asignación especiales garantiza que cada nodo o elemento del contenedor se copie o mueva correctamente, evitando errores y fugas de memoria.

4.1. Punteros inteligentes *(smart pointers)*

Los *smart pointers* (o punteros inteligentes) son una característica de C++ que permite gestionar automáticamente la memoria asignada dinámicamente, reduciendo problemas comunes como fugas de memoria, referencias colgantes y errores de liberación de recursos. Fueron introducidos en la biblioteca estándar con **C++11** y son fundamentales en la **programación orientada a recursos (RAII)**, en la que los recursos son gestionados mediante objetos que se encargan de liberar la memoria al salir de su alcance.

A continuación, puedes ver la descripción de varios tipos de *smart pointers* en C++:

◐ **std::unique_ptr:**

- ◑ Propósito: se utiliza para representar propiedad única sobre un recurso, como un objeto o una región de memoria. Solo puede haber un std::unique_ptr que posea y gestione el recurso.
- ◑ Características: no permite copiar (evita la asignación de copia), pero se puede transferir mediante movimiento (std::move), lo cual transfiere la propiedad del recurso a otro std::unique_ptr.
- ◑ Uso típico: ideal cuando es necesario asegurarse de que solo un puntero tenga acceso a un recurso en un momento dado, como un objeto en un árbol o un recurso único en una función.

```cpp
#include <memory>

std::unique_ptr<int> puntero = std::make_unique<int>(42);
std::unique_ptr<int> nuevo_puntero = std::move(puntero); // Transfiere propiedad
// puntero ya no posee el recurso
```

◐ **std::shared_ptr:**

- ◑ Propósito: representa propiedad compartida de un recurso, permitiendo que varios punteros compartan el acceso a un mismo objeto o región de memoria.
- ◑ Características: mantiene un contador de referencias que registra cuántos std::shared_ptr apuntan al mismo recurso. Cuando el último std::shared_ptr deja de apuntar al recurso (su contador de referencias llega a cero), el recurso es liberado.
- ◑ Uso típico: es útil cuando un recurso necesita ser accesible desde varios lugares del programa, como en estructuras complejas donde múltiples nodos comparten un subárbol.

```cpp
#include <memory>

std::shared_ptr<int> ptr1 = std::make_shared<int>(42);
std::shared_ptr<int> ptr2 = ptr1; // Comparte la propiedad con ptr1
// El recurso se liberará automáticamente cuando ptr1 y ptr2 salgan de alcance
```

⊃ **std::weak_ptr:**

◑ Propósito: es un puntero no propietario que observa a un std::shared_ptr sin aumentar su contador de referencias. Esto evita la creación de ciclos de referencia que pueden provocar fugas de memoria en estructuras cíclicas.

◑ Características: no puede acceder directamente al recurso, pero puede verificar si el recurso todavía existe y crear un std::shared_ptr temporal para acceder a él.

◑ Uso típico: se usa junto con std::shared_ptr cuando hay una relación de dependencia débil o no propietaria, como en una estructura donde un nodo padre conoce a sus hijos, pero los hijos no deberían mantener vivo al padre.

```cpp
#include <memory>

std::shared_ptr<int> ptr1 = std::make_shared<int>(42);
std::weak_ptr<int> weak_ptr = ptr1; // Observa el recurso sin poseerlo

if (auto shared_from_weak = weak_ptr.lock()) {
    // Accede al recurso si aún existe
    std::cout << *shared_from_weak << std::endl;
}
```

En aplicaciones de red, especialmente en entornos 5G, donde hay un alto volumen de datos y se necesita eficiencia en la gestión de memoria, los *smart pointers* son útiles para:

⊃ **Gestionar conexiones:** cada conexión puede asignarse a un std::unique_ptr o std::shared_ptr que se libere automáticamente cuando se desconecta.

⊃ **Controlar recursos en tiempo real:** los punteros inteligentes son fundamentales para sistemas de monitoreo en tiempo real, asegurando que la memoria se gestione de manera óptima y sin fugas, algo crucial en redes de alta demanda como 5G.

Los *smart pointers* simplifican el manejo de memoria, permitiendo al desarrollador concentrarse en la lógica de negocio sin preocuparse tanto por errores de asignación o liberación de recursos.

Las ventajas de usar *smart pointers* son las siguientes:

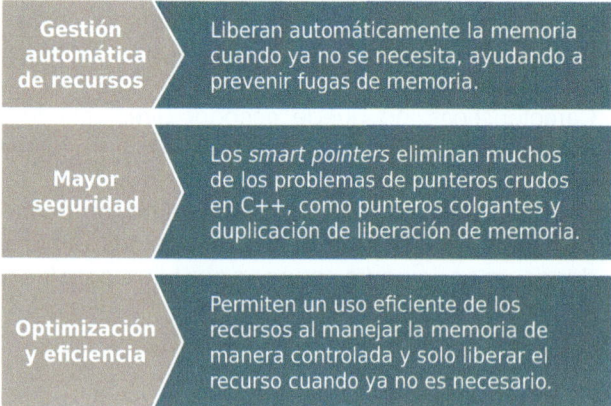

Gestión automática de recursos
Liberan automáticamente la memoria cuando ya no se necesita, ayudando a prevenir fugas de memoria.

Mayor seguridad
Los *smart pointers* eliminan muchos de los problemas de punteros crudos en C++, como punteros colgantes y duplicación de liberación de memoria.

Optimización y eficiencia
Permiten un uso eficiente de los recursos al manejar la memoria de manera controlada y solo liberar el recurso cuando ya no es necesario.

NOTA

El **operador de movimiento** en C++ es una de las optimizaciones más importantes introducidas con **C++11**. Este operador permite transferir los recursos de un objeto a otro sin hacer copias innecesarias, lo que resulta en un uso más eficiente de la **memoria** y mejora el **rendimiento** de las aplicaciones, especialmente en entornos donde el manejo de grandes volúmenes de datos es crítico, como en redes 5G.

El operador de movimiento se usa:

- Cuando el objeto original ya no necesita sus recursos (memoria, datos) después de la asignación.
- Cuando es necesario evitar la copia de grandes estructuras de datos, como *arrays* o *buffers* de información.

Las ventajas son:

- Mejora de rendimiento: al no duplicar datos grandes, el uso de memoria y el tiempo de procesamiento se reducen.
- Reducción de la latencia: es ideal en aplicaciones que procesan datos en tiempo real, como las implementaciones de IoT en redes 5G.

RAII *(resource acquisition is initialization)* ayuda a entender mejor cómo los *smart pointers* manejan la memoria y cómo se pueden evitar las fugas de memoria automáticamente.

Es un principio clave en C++ que asegura que los recursos (memoria, archivos, conexiones) se adquieran y liberen correctamente. En este enfoque, un recurso se adquiere y se gestiona mediante un objeto, que garantiza su liberación cuando el objeto sale del alcance (gracias al destructor). Esto se complementa con los punteros inteligentes en C++.

 DEFINICIÓN

RAII *(resource acquisition is initialization)*

Es un patrón de diseño en C++ que asegura que los recursos (como la memoria, archivos, conexiones de red, o cualquier otro recurso limitado) se adquieran y liberen de forma automática y segura. En RAII, los recursos se asocian con el ciclo de vida de un objeto: cuando un objeto se crea, el recurso se adquiere, y cuando el objeto sale de su alcance, el recurso se libera automáticamente en el destructor.

- -

El principio de RAII se basa en la inicialización de recursos en el constructor de una clase y la liberación de estos en el destructor. Esto significa que, en lugar de asignar y liberar recursos manualmente, el programador delega esta tarea a los objetos, confiando en que ellos se encargarán de gestionar los recursos de forma automática.

RAII se aplica a cualquier recurso que necesite ser liberado al final de su uso, como memoria dinámica, archivos abiertos, *sockets*, o incluso semáforos en concurrencia. Este enfoque es especialmente útil en C++, ya que garantiza que los recursos se liberen incluso si ocurre una excepción o se sale del alcance de la función inesperadamente.

Las ventajas de RAII son las siguientes:

Seguridad en la gestión de recursos

RAII garantiza que los recursos se liberen correctamente incluso en casos de errores o excepciones, evitando fugas de memoria o recursos.

Reducción de errores humanos

Al automatizar la liberación de recursos, RAII reduce la posibilidad de errores, como olvidar liberar memoria o cerrar archivos.

Simplicidad y legibilidad

La gestión de recursos queda encapsulada dentro de los objetos, haciendo el código más limpio, legible y menos propenso a errores.

Consistencia

El ciclo de vida del recurso se gestiona de manera uniforme y predecible, ya que se adhiere al ciclo de vida del objeto que lo maneja.

Los *smart pointers* (std::unique_ptr y std::shared_ptr) son un ejemplo destacado de RAII en C++. Estos punteros inteligentes administran la memoria automáticamente:

- **std::unique_ptr** libera automáticamente la memoria cuando el puntero sale del alcance.
- **std::shared_ptr** libera la memoria cuando ya no hay más referencias al objeto.

Los punteros pueden introducir riesgos de seguridad si no se manejan adecuadamente, como accesos indebidos a memoria o fugas de información.

A continuación, se describen consideraciones de seguridad sobre los punteros:

- **Punteros nulos *(null pointers).* ** Siempre es una buena práctica inicializar los punteros a nullptr (o NULL en versiones anteriores a C++11) si no están apuntando a un objeto válido. Esto ayuda a evitar referencias a memoria no válida y errores de segmentación.

- **Comprobar punteros antes de usarlos.** Antes de acceder o desreferenciar un puntero, siempre es recomendable comprobar si es nullptr. Esta práctica evita errores de ejecución que podrían causar que el programa se cierre inesperadamente.

- **Evitar punteros colgantes** *(dangling pointers)*. Un puntero colgante es un puntero que sigue apuntando a una dirección de memoria que ya ha sido liberada. Intentar acceder a un puntero colgante puede llevar a un comportamiento indefinido o a errores de segmentación.
  Para evitar punteros colgantes, después de liberar un puntero (delete o delete[]), hay que asignarlo a nullptr.

- **Uso de punteros inteligentes** *(smart pointers)*. Los *smart pointers* (std::unique_ptr, std::shared_ptr, std::weak_ptr) fueron introducidos en C++11 y automatizan la gestión de la memoria. Los *smart pointers* liberan automáticamente la memoria cuando ya no se necesitan, eliminando la necesidad de usar *delete* y reduciendo el riesgo de fugas de memoria y punteros colgantes.

- **Evitar ciclos de referencia con std::weak_ptr.** Al usar std::shared_ptr puede ocurrir una fuga de memoria debido a ciclos de referencia, donde dos objetos se refieren mutuamente con std::shared_ptr. Esto impide que el contador de referencias de ambos llegue a cero, evitando que la memoria se libere.
  Para evitar estos ciclos, se usa std::weak_ptr, que observa un std::shared_ptr sin aumentar el contador de referencias.

- **Evitar accesos fuera de rango** *(out-of-bounds)*. Los punteros pueden llevar a accesos fuera de rango si se intenta acceder a posiciones de memoria fuera del límite de un arreglo o un bloque de memoria asignado dinámicamente. Esto puede provocar un comportamiento indefinido y vulnerabilidades de seguridad.
  Siempre es importante verificar el tamaño de los arreglos o utilizar estructuras de datos más seguras, como std::vector o std::array, que gestionan los límites automáticamente.

- **Evitar *casting* peligroso entre tipos de punteros.** El *casting* de punteros entre tipos incompatibles (por ejemplo, de int* a float*) puede llevar a un comportamiento inesperado. Es mejor evitar el reinterpret_cast a menos que sea absolutamente necesario, ya que esto puede resultar en interpretaciones incorrectas de los datos.
  Cuando se deba realizar un reinterpret_cast, asegúrate de que se realiza de forma segura y en casos donde la compatibilidad de los datos está garantizada.

- **Uso de std::nullptr en lugar de NULL.** Desde C++11, se recomienda usar std::nullptr en lugar de NULL para asignar un puntero a nulo. Nullptr es más seguro y elimina posibles ambigüedades, ya que es un tipo de puntero nulo explícito, mientras que NULL es un entero.

4.2. Estructuras inmutables

Las **estructuras inmutables** son estructuras de datos cuyos valores no cambian una vez que han sido creadas. En otras palabras, después de su inicialización, los datos en una estructura inmutable no se pueden modificar, lo que significa que cualquier "cambio" o "modificación" realmente implica crear una nueva instancia con los cambios aplicados.

Sus características son las siguientes:

No modificables

Una vez creadas, sus propiedades y datos no pueden ser alterados. Cualquier operación que parezca modificar la estructura, en realidad devuelve una nueva copia con los cambios.

Seguridad en la programación concurrente

Las estructuras inmutables son particularmente útiles en entornos de programación concurrente o paralela. Al ser inmutables, no pueden ser modificadas por otros hilos o procesos, lo que previene problemas de sincronización y condiciones de carrera *(race conditions)*.

Facilidad en el *debugging* y mantenimiento

Al no cambiar su estado, las estructuras inmutables son más predecibles y fáciles de depurar. Esto hace que los programas sean más seguros y reduce el número de errores.

Uso en programación funcional

Las estructuras inmutables son una característica fundamental de la programación funcional, donde se evita el estado compartido y la modificación directa de datos.

Las estructuras inmutables son útiles en situaciones donde la inmutabilidad proporciona ventajas, como en:

⊃ **Caché de datos:** en aplicaciones donde los datos deben almacenarse en caché y compartirse, tener datos inmutables previene errores de modificación y permite el acceso seguro.

➲ **Programación concurrente:** en aplicaciones de alto rendimiento donde varios hilos o procesos acceden a los mismos datos, las estructuras inmutables evitan la necesidad de bloqueos *(locks)* y mecanismos de sincronización complejos.

➲ **Entornos funcionales y de alta disponibilidad:** en aplicaciones que requieren estabilidad y consistencia, las estructuras inmutables simplifican el diseño y permiten manejar datos seguros sin riesgo de inconsistencia.

Para hacer una estructura inmutable en C++, podemos seguir los siguientes pasos:

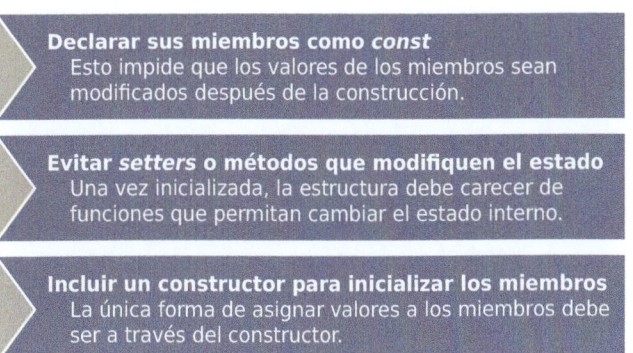

Declarar sus miembros como *const*
Esto impide que los valores de los miembros sean modificados después de la construcción.

Evitar *setters* o métodos que modifiquen el estado
Una vez inicializada, la estructura debe carecer de funciones que permitan cambiar el estado interno.

Incluir un constructor para inicializar los miembros
La única forma de asignar valores a los miembros debe ser a través del constructor.

Las ventajas de usar estructuras inmutables son las siguientes:

➲ **Menor riesgo de errores.** Dado que los datos no se pueden modificar una vez establecidos, es menos probable que ocurran errores de estado compartido o problemas por cambios inesperados.

➲ **Optimización de memoria y rendimiento.** En algunos casos, los compiladores pueden optimizar estructuras inmutables más fácilmente, especialmente en entornos de alto rendimiento donde se necesita evitar copias innecesarias.

➲ **Facilitan la programación concurrente.** Al no poder cambiar de estado, las estructuras inmutables son naturalmente seguras para hilos y procesos múltiples.

➲ **Mayor seguridad y predictibilidad.** En sistemas complejos o distribuidos, las estructuras inmutables ayudan a mantener la consistencia de los datos y hacerlos más previsibles.

Aun existiendo una serie de ventajas en el uso de las estructuras inmutables, también se debe decir que hay unas limitaciones en su uso:

Consumo de memoria

La creación de nuevas instancias para cada cambio puede incrementar el uso de memoria, especialmente en estructuras grandes.

Coste de copia

En estructuras de datos grandes, la inmutabilidad puede implicar copiar grandes volúmenes de datos para cada modificación, lo cual puede ser costoso en términos de rendimiento.

Complejidad en el diseño

Para algunos tipos de aplicaciones, la inmutabilidad puede requerir patrones de diseño más complejos, especialmente si hay una necesidad frecuente de cambios.

SABÍAS QUE...

En el desarrollo de videojuegos retro, como aquellos para consolas de 8 y 16 bits, los recursos de memoria eran extremadamente limitados. Muchas de las imágenes y datos del juego se almacenaban como estructuras inmutables para optimizar el rendimiento. Esto permitía a los programadores reutilizar los mismos datos sin tener que preocuparse por cambios inesperados. Así, personajes, objetos y niveles se mantenían estables en memoria, lo que era crucial en una época en la que la memoria RAM era escasa.

APLICACIÓN PRÁCTICA

En C++, la gestión eficiente de los recursos es fundamental, especialmente al trabajar con objetos grandes o complejos como estructuras

Continúa en página siguiente >>

<< *Viene de página anterior*

de datos o recursos del sistema. La copia de estos objetos puede ser costosa en términos de tiempo y memoria. Para optimizar esta operación, C++ introduce el concepto de *move semantics,* o semántica de movimiento. Teniendo esto en cuenta, ¿cuál es la principal ventaja de utilizar el operador de movimiento en C++?

Solución

El operador de movimiento *(move semantics)* en C++ permite transferir los recursos de un objeto a otro sin realizar una copia profunda de los datos. Esto es posible gracias a que, en lugar de duplicar el contenido del recurso, se mueve la propiedad del recurso (por ejemplo, un puntero a memoria dinámica) del objeto original al nuevo objeto.

 TAREA 1

Imagina que formas parte del equipo de desarrollo de TechCity Solutions, y tu tarea es analizar un proyecto existente en **C++** diseñado para monitorear dispositivos IoT en una red 5G. Aunque no necesitas programar, tu equipo debe investigar y entender cómo las **herramientas de desarrollo** y la **gestión de operadores** afectan el rendimiento de la aplicación.

El proyecto tiene como objetivo recibir y procesar grandes volúmenes de datos de sensores IoT en tiempo real. Sin embargo, el sistema presenta problemas de rendimiento, y se sospecha que el uso ineficiente de operadores de asignación y una incorrecta gestión de memoria pueden ser las causas.

1. ¿Cómo puede mejorar el uso de la herramienta *Visual Studio* en este proyecto para optimizar el rendimiento de la aplicación?
2. El proyecto presenta problemas de fugas de memoria. ¿Qué herramienta sería más adecuada para identificar y solucionar este problema en una aplicación C++?
3. El equipo de desarrollo ha identificado que en la aplicación se están utilizando copias superficiales *(shallow copy)* en lugar de copias profundas *(deep copy)*, lo que causa problemas de duplicación de recursos. ¿Qué impacto tiene este error y cómo lo solucionarías?

Continúa en página siguiente >>

<< Viene de página anterior

4. La aplicación utiliza estructuras de datos muy grandes que se copian constantemente, lo que ralentiza el sistema. ¿Cómo puede el operador de movimiento *(move semantics)* ayudar a resolver este problema?
5. El equipo quiere implementar un flujo de trabajo colaborativo para que todos los miembros puedan trabajar en diferentes partes del proyecto sin afectar el código principal. ¿Qué herramienta recomendarías para gestionar este proceso y por qué?

5. Resumen

En el desarrollo de aplicaciones en C++, especialmente en proyectos complejos como los que involucran redes 5G y dispositivos IoT, el uso eficiente de herramientas y la correcta gestión de operadores de asignación son cruciales para optimizar el rendimiento y garantizar la estabilidad del *software*.

Las herramientas para trabajar con C++ son las siguientes:

- ➲ *Visual Studio*
- ➲ *Arduino IDE*
- ➲ *Git*
- ➲ *Valgrind*
- ➲ *Perf*

Como ejemplos de gestión de operadores de asignación en C++, se tienen los siguientes:

1. **Operador de asignación básico** (=): utilizado para copiar los valores de un objeto a otro. En aplicaciones complejas, es importante gestionar correctamente la memoria para evitar problemas como fugas o duplicación de recursos.
2. **Copia superficial *(shallow copy)* vs. copia profunda *(deep copy)*:**

   - ◑ La copia superficial solo copia punteros, lo que puede causar errores si los objetos comparten recursos.
   - ◑ La copia profunda copia los datos completos, lo que evita problemas de gestión de memoria al duplicar recursos entre objetos.

3. **Operador de movimiento *(move semantics)*:** introducido en C++11, el operador de movimiento transfiere recursos de un objeto a otro sin

necesidad de copiar los datos, mejorando el rendimiento y optimizando el uso de memoria. Esto es especialmente útil en aplicaciones de redes 5G, donde el procesamiento en tiempo real es clave.

4. **Regla de los tres y regla de los cinco:** si una clase gestiona recursos dinámicos, es necesario implementar correctamente el destructor, el constructor de copia y el operador de asignación por copia para asegurar una correcta gestión de los recursos. Con C++11, se añade el constructor de movimiento y el operador de asignación por movimiento para optimizar aún más la eficiencia.

Estas herramientas y técnicas son fundamentales para el desarrollo de aplicaciones eficientes que procesan grandes volúmenes de datos en redes 5G. La correcta gestión de la memoria, el uso de operadores de movimiento y la optimización del código a través de herramientas avanzadas permiten que las aplicaciones mantengan un rendimiento óptimo, baja latencia y alta fiabilidad en entornos críticos como el IoT y 5G.

Los punteros son variables que almacenan la dirección de memoria de otro valor. Permiten manipular directamente la memoria, lo que hace a C++ muy poderoso y eficiente, especialmente para tareas que requieren un control detallado sobre la administración de recursos.

Las estructuras inmutables son estructuras de datos cuyos valores no pueden modificarse después de la creación. Esto significa que cualquier "cambio" en una estructura inmutable crea una nueva instancia en lugar de modificar la original.

Ejercicios de autoevaluación
Unidad de Aprendizaje 1

1. ¿Cuál es la principal función de un compilador en C++?

    a. Convertir el código fuente en código máquina ejecutable.
    b. Organizar y estructurar el código en clases.
    c. Controlar el flujo de datos en el programa.
    d. Establecer la conexión entre el código y las bibliotecas.

2. ¿Cuál de las siguientes herramientas es comúnmente utilizada para depurar errores en programas C++?

    a. *GitHub*
    b. *Visual Studio debugger*
    c. *Makefile*
    d. *Arduino Serial Monitor*

3. ¿Qué característica hace que Visual Studio sea más adecuado que *Arduino IDE* para el desarrollo de aplicaciones complejas?

    a. Tiene menos configuraciones, lo que simplifica el uso.
    b. Ofrece herramientas avanzadas de depuración y análisis de rendimiento.
    c. Permite modificar el *hardware* directamente.
    d. Es compatible únicamente con microcontroladores.

4. ¿Cuál es la diferencia principal entre std::unique_ptr y std::shared_ptr en C++?

    a. std::unique_ptr permite propiedad compartida, mientras que std::shared_ptr no.
    b. std::shared_ptr se destruye automáticamente al asignarse, pero std::unique_ptr no.
    c. std::unique_ptr gestiona un solo propietario, mientras que std::shared_ptr permite propiedad compartida.
    d. std::unique_ptr permite duplicación automática de recursos.

5. ¿Cuál es la ventaja principal de utilizar el operador de asignación de movimiento en C++?

    a. Duplica los recursos sin errores de memoria.
    b. Evita la creación de nuevas instancias de objetos.
    c. Asigna múltiples referencias a un mismo recurso.
    d. Transfiere recursos de un objeto a otro sin copiar, mejorando el rendimiento.

6. ¿Para qué se utiliza std::weak_ptr en C++?

    a. Para tener propiedad única de un recurso.
    b. Para observar un recurso sin poseerlo, evitando ciclos de referencia.
    c. Para duplicar datos entre punteros.
    d. Para liberar memoria de objetos compartidos.

7. ¿Cuál es una característica distintiva de las estructuras inmutables en C++?

    a. Crean nuevas instancias cuando se "modifican".
    b. Permiten modificar datos directamente sin crear nuevas instancias.
    c. Facilitan la eliminación de datos sin liberar memoria.
    d. No pueden ser utilizadas en programación concurrente.

8. ¿Cuál de las siguientes opciones describe mejor la regla de los tres en C++?

    a. Implementar el constructor de copia, el operador de asignación y el destructor.
    b. Crear funciones solo con asignación superficial.
    c. Optimizar la asignación de punteros con std::shared_ptr.
    d. Definir operadores lógicos en la clase.

9. ¿Qué operación permite el uso de std::move en C++?

    a. Realizar una copia profunda entre dos objetos.
    b. Duplicar recursos sin liberar memoria.
    c. Crear nuevas referencias de un recurso compartido.
    d. Transferir la propiedad de recursos de un objeto a otro.

10. ¿Cuál es una diferencia clave entre *Visual Studio* y *Arduino IDE?*

    a. *Visual Studio* está diseñado para proyectos de *hardware* exclusivamente.

    b. *Arduino IDE* es más adecuado para prototipado rápido en microcontroladores.

    c. *Arduino IDE* permite depuración avanzada de rendimiento en redes.

    d. *Visual Studio* solo soporta lenguajes orientados a objetos.

Técnicas para el desarrollo C++

Contenido

Objetivos

El objetivo general de esta Unidad de aprendizaje es:

→ Comprender las técnicas fundamentales para el desarrollo de *software* en C++ mediante el análisis de las estructuras de control, la programación orientada a objetos y el manejo de ficheros.

Los objetivos específicos de esta Unidad de Aprendizaje son:

→ Diferenciar entre las estructuras de control en C++ (condicionales, bucles, sentencias de salto) y su impacto en el flujo de un programa.

→ Implementar conceptos de programación orientada a objetos en C++, incluyendo encapsulación, herencia y polimorfismo, y su aplicación para el diseño modular de *software*.

→ Manejar ficheros en C++ para la lectura y escritura de datos, comprendiendo el uso de flujos de entrada y salida *(I/O streams)* y cómo gestionar archivos de forma eficiente.

→ Desarrollar pequeñas aplicaciones que integren las técnicas estudiadas, poniendo en práctica tanto estructuras de control como programación orientada a objetos y manejo de ficheros.

→ Comprender conceptos relacionados con las estructuras de control, la programación orientada a objetos, aplicándolos a un sistema básico de gestión de inventario en un almacén y diferenciándolas entre ellas.

1. Introducción

El lenguaje de programación C++ es uno de los más versátiles y poderosos en el ámbito del desarrollo de *software*. Su combinación de características de bajo nivel, como el control directo sobre la memoria, y de alto nivel, como la programación orientada a objetos, lo convierten en una herramienta esencial para crear aplicaciones eficientes y escalables.

A lo largo de los años, C++ ha sido ampliamente utilizado en el desarrollo de sistemas operativos, videojuegos, aplicaciones financieras y *software* embebido, entre otros campos.

Las estructuras de control permiten gestionar el flujo de ejecución del programa, lo cual es fundamental para implementar lógica condicional y repetitiva de manera eficiente.

La programación orientada a objetos, por su parte, introduce un enfoque modular y reutilizable en el desarrollo de *software,* facilitando la gestión de la complejidad a medida que los proyectos crecen.

En la unidad seguimos con TechCity Solutions, especializados en el desarrollo de soluciones tecnológicas innovadoras que integran las mejores prácticas de programación, con un enfoque particular en el uso de lenguajes como C++. Su experiencia en diversos sectores, desde la industria automotriz hasta los sistemas de telecomunicaciones, nos ha permitido aprovechar las capacidades de C++ para crear aplicaciones robustas y escalables.

Dentro de su actividad, hacen un uso extensivo de las **estructuras de control** en C++ para optimizar la lógica interna de nuestras aplicaciones, garantizando que los procesos se ejecuten de manera eficiente y fiable. La **programación orientada a objetos** es otro pilar fundamental en el enfoque de desarrollo, ya que nos permite diseñar *software* modular y mantenible, crucial para proyectos a gran escala que requieren adaptabilidad y evolución continua.

2. Diferencias entre estructuras de control

 **HILO CONDUCTOR**

En TechCity Solutions, las estructuras de control juegan un papel crucial en el diseño y desarrollo de las soluciones tecnológicas. Se aplican en los diferentes campos en los que trabajamos; las más habituales en los proyectos son las estructuras condicionales, iterativas, de salto y de control.

En la programación en C++, las estructuras de control permiten dirigir el comportamiento del código, tomar decisiones, realizar iteraciones y controlar cuándo y cómo se ejecutan las diferentes partes del programa. Las estructuras de control se dividen principalmente en tres categorías: condicionales, iterativas y de salto. Cada una tiene un propósito y un comportamiento particular que influye en el flujo de ejecución del código.

✎ DEFINICIÓN

Estructuras de control

Son mecanismos fundamentales en los lenguajes de programación, incluido C++, que permiten controlar el flujo de ejecución de un programa. A través de estas estructuras, los programadores pueden decidir qué bloques de código deben ejecutarse y en qué orden, en función de ciertas condiciones o repeticiones. Las estructuras de control son esenciales para introducir lógica condicional, realizar bucles repetitivos y gestionar la secuencia de operaciones dentro de un programa.

A continuación, puedes ver las categorías de las estructuras de control:

● **Estructuras condicionales.** Las estructuras condicionales permiten que el programa tome decisiones basadas en una o más condiciones. En C++, las estructuras condicionales más comunes son:

  ◖ *if* y *else:* son las estructuras más básicas. El *if* permite ejecutar un bloque de código si una condición es verdadera, y el *else* permite ejecutar otro bloque si la condición es falsa.

⟃ *else if:* se usa para manejar múltiples condiciones de forma secuencial.

⟃ *switch:* es una estructura condicional que selecciona una de muchas posibles opciones, útil cuando hay varias condiciones basadas en un solo valor.

➲ **Estructuras iterativas.** Las estructuras iterativas permiten ejecutar un bloque de código repetidamente mientras se cumpla una condición, o hasta que se alcancen ciertos límites. Las principales estructuras iterativas en C++ son:

⟃ *for:* se usa cuando se conoce el número de iteraciones de antemano.

⟃ *while:* se usa cuando la condición de finalización es incierta o depende de factores externos.

⟃ *do-while:* similar al *while,* pero la condición se evalúa al final de cada iteración, garantizando que el bloque de código se ejecute al menos una vez.

➲ **Estructuras de salto.** Las estructuras de salto permiten alterar el flujo del programa directamente, cambiando el punto de ejecución. Las más comunes son:

⟃ *break:* finaliza un ciclo o bloque *switch.*

⟃ *continue:* omite el resto del ciclo actual y pasa a la siguiente iteración.

⟃ *return:* finaliza la ejecución de una función y devuelve un valor opcional.

A continuación, se describen las diferencias entre las estructuras de control:

> **If-else, switch**
> - *if-else* es más flexible y puede evaluar condiciones complejas, mientras que *switch* está diseñado para casos simples con valores discretos como números o caracteres.
> - *if-else* puede ser más lento si hay muchas condiciones, ya que evalúa cada una secuencialmente, mientras que *switch* puede ser más eficiente en situaciones donde se utilizan múltiples valores fijos.

Continúa en página siguiente >>

<< Viene de página anterior

For, while, do-while

- *for* es ideal para iteraciones con un número conocido de repeticiones y un contador que controla el ciclo.
- *while* y *do-while* son más adecuados cuando la condición para terminar el ciclo es dinámica y no necesariamente basada en un contador.
- *do-while* garantiza que el bloque se ejecuta al menos una vez, independientemente de la condición inicial, a diferencia de *while*.

Break, return

- *break* termina completamente la ejecución de un ciclo o *switch*, mientras que *continue* solo salta a la siguiente iteración sin salir del ciclo.
- *return* se usa exclusivamente dentro de funciones para salir de ellas y, en muchos casos, devolver un valor.

Comparación entre estructuras de control

Característica	*If-else* vs. *switch-case*	*For* vs. *while* vs. *do-while*
Flexibilidad	*If-else* es más flexible.	*For* es adecuado para iteraciones definidas.
Eficiencia	*Switch-case* es más eficiente.	*While* es más adecuado para condiciones indefinidas.
Ejecución mínima	N/A	*Do-while* siempre ejecuta al menos una vez.
Uso común	Condiciones complejas con *if*	Búsquedas, iteraciones y validaciones.

 SABÍAS QUE...

En 1968, el famoso científico informático Edsger Dijkstra publicó un influyente artículo titulado "Go To Statement Considered Harmful", donde argumentaba que el uso excesivo de *goto* conducía a programas desorganizados y promovía errores. Este artículo fue un hito en la evolución de la programación estructurada, y promovió la adopción de las estructuras de control modernas, como *if-else*, *for*, y *while*, que proporcionan un flujo de control más claro y estructurado.

2.1. Estructuras de control de salto o secuencial

En C++, una **estructura de control secuencial** es la base de cualquier programa, pues define la ejecución lineal de las instrucciones, donde cada línea se ejecuta una tras otra en el orden en que aparecen. Este tipo de control no implica bifurcaciones (decisiones) ni bucles (repeticiones); su único propósito es ejecutar instrucciones de manera ordenada. La estructura secuencial es el flujo natural de un programa y se utiliza cuando no se necesita alterar el orden de ejecución.

A continuación, se describen las características de la estructura secuencial:

Orden natural de ejecución
Las instrucciones se ejecutan en el mismo orden en el que están escritas, de arriba abajo y de izquierda a derecha.

Sin condiciones
No hay lógica que controle si un bloque de código debe o no ejecutarse en función de una condición.

Sin repeticiones
Cada línea se ejecuta una sola vez, a menos que esté dentro de una estructura que altere este orden.

Claridad y sencillez
Facilita la lectura y comprensión del código, ya que sigue un flujo predecible.

La estructura secuencial es común en los cálculos simples y la asignación de valores. Se usa para la declaración de variables, cálculos aritméticos o asignaciones simples.

 **EJEMPLO**

Asignación de valores:

```
int a = 10;     // Se asigna el valor 10 a la variable 'a'
int b = 5;      // Se asigna el valor 5 a la variable 'b'
int c = a + b;  // Se suma 'a' y 'b' y se almacena en 'c'
```

Aquí, cada línea de código se ejecuta en secuencia. Primero, se asignan valores a *a* y *b*, y luego se calcula *c*.

 **EJEMPLO**

Cálculos simples:

```
double base = 4.5;
double altura = 10.0;
double area = base * altura / 2; // Calcula el área de un triángulo
```

En este ejemplo, se siguen pasos lógicos que dependen de la estructura secuencial.

Primero se definen las variables base y altura, y luego se calcula el área utilizando estas variables.

 **EJEMPLO**

Salidas en pantalla:

```cpp
#include <iostream>
using namespace std;

int main() {
    cout << "Bienvenido a C++!" << endl; // Imprime una bienvenida
    cout << "Este programa ilustra la estructura secuencial." << endl;
    cout << "Cada línea se ejecuta en orden." << endl;
    return 0;
}
```

Aquí se muestra cómo la estructura secuencial se usa para imprimir mensajes en pantalla. Cada *cout* se ejecuta en orden, proporcionando una salida predecible y organizada.

- -

A diferencia de las estructuras de control condicionales, las secuenciales no toman decisiones; solo ejecutan el código en un flujo lineal.

Frente a las estructuras de control iterativas, no repiten bloques de código ni se basan en condiciones de continuación. Cada instrucción se ejecuta solo una vez, lo que las hace ideales para tareas simples o iniciales en un programa.

A continuación, se describen los beneficios de la estructura secuencial:

> **Simplicidad**
> Facilita la escritura de código básico, sin la complejidad de bucles o condiciones.

Continúa en página siguiente >>

<< Viene de página anterior

Legibilidad

Dado que sigue un flujo directo, el código secuencial es fácil de seguir y comprender, ideal para tareas básicas o para la introducción de principiantes.

Reducción de errores

Al evitar condiciones y repeticiones, reduce la posibilidad de errores de lógica asociados a los saltos de flujo y la iteración.

Si bien es básica y esencial, la estructura secuencial también tiene limitaciones en su capacidad para resolver problemas complejos:

Ausencia de toma de decisiones
No permite bifurcar el flujo de ejecución, lo que limita su aplicabilidad a programas que requieran decisiones lógicas.

No permite repeticiones
No es adecuada para tareas repetitivas, donde un bucle o ciclo iterativo sería más eficiente.

Falta de flexibilidad
En escenarios dinámicos, la estructura secuencial es insuficiente para gestionar variaciones en la ejecución.

 SABÍAS QUE...

La estructura secuencial es la base de todos los lenguajes de programación. En las primeras computadoras, todo el código se ejecutaba de forma secuencial, y cualquier decisión o repetición debía programarse explícitamente a nivel de *hardware.*

Los primeros lenguajes de programación, como *Assembly,* seguían principalmente un flujo secuencial. Esto hizo que los programadores desarrollaran una mentalidad "secuencial" en la programación temprana.

En C++, aunque el flujo es naturalmente secuencial, es posible "alterarlo" indirectamente usando **funciones.** Al llamar a una función, el flujo se dirige hacia la función en cuestión y luego regresa al punto de llamada una vez completada. Esto permite a los programadores estructurar el código en bloques secuenciales lógicos, sin perder la secuencia global.

La **modularidad** que aportan las funciones permite diseñar programas grandes de manera "pseudo-secuencial", donde cada función sigue un flujo secuencial y el flujo global se controla a través de llamadas a funciones.

 EJEMPLO

Un programa va a calcular el perímetro y el área de un rectángulo. En lugar de escribir todo el código en una sola secuencia, se usan funciones para realizar cada cálculo. Aunque el flujo global es secuencial, el uso de funciones permite organizar el código de forma modular y clara.

```cpp
#include <iostream>
using namespace std;


// Función para calcular el perímetro de un rectángulo
int calcularPerimetro(int largo, int ancho) {
    return 2 * (largo + ancho);
}


// Función para calcular el área de un rectángulo
int calcularArea(int largo, int ancho) {
    return largo * ancho;
}


int main() {
```

Continúa en página siguiente >>

<< Viene de página anterior

```cpp
    int largo, ancho;


    // Entrada de datos secuencial
    cout << "Introduce el largo del rectángulo: ";
    cin >> largo;
    cout << "Introduce el ancho del rectángulo: ";
    cin >> ancho;

    // Cálculo del perímetro y del área
    int perimetro = calcularPerimetro(largo, ancho); // Llamada a función
    int area = calcularArea(largo, ancho);           // Llamada a función

    // Salida de los resultados
    cout << "El perímetro del rectángulo es: " << perimetro << endl;
    cout << "El área del rectángulo es: " << area << endl;

    return 0;
}
```

El programa sigue un flujo secuencial en el main(), donde se introduce primero el largo y el ancho, luego se calculan el perímetro y el área llamando a las funciones y, finalmente, se muestran los resultados.

La función calcularPerimetro() toma el largo y el ancho como parámetros y devuelve el perímetro del rectángulo.

La función calcularArea() realiza un cálculo similar, pero para el área.

Cada función sigue un flujo secuencial propio, sin depender de condicionales ni bucles, y encapsula una secuencia lógica específica.

2.2. Estructuras de control condicionales

Las estructuras de control condicionales permiten que el programa tome decisiones en función de ciertas condiciones, lo cual modifica el flujo secuencial del código. En C++, estas estructuras son esenciales para que el programa reaccione de diferentes maneras según el estado de las variables, la entrada del usuario o los resultados de cálculos. Las estructuras de control condicionales principales en C++ son *if, if-else, else-if* y *switch-case*.

Comparación de *if-else* y *switch-case*		
Característica	*if-else*	*switch-case*
Flexibilidad	Permite condiciones complejas.	Solo funciona con valores discretos.
Eficiencia	Es menos eficiente en múltiples casos.	Es más eficiente para múltiples valores específicos.
Casos de uso común	Comparaciones complejas, rangos	Selección entre valores fijos (menús, opciones)

A continuación, puedes ver el uso de buenas prácticas en las estructuras condicionales:

- ➲ **Optimizar condiciones**. Colocar las condiciones más probables o más restrictivas al inicio del *if-else* para mejorar la eficiencia.
- ➲ **Evitar comparaciones anidadas.** Los *if* anidados pueden hacer que el código sea difícil de leer. Usa *switch-case* o funciones para organizar mejor el código.
- ➲ **Uso adecuado de *switch*.** El *switch* es ideal para comparar un solo valor con opciones fijas, pero no es adecuado para condiciones complejas.
- ➲ **Uso de *default*.** En *switch-case* siempre es buena práctica incluir una declaración *default* para manejar valores inesperados.

Las ventajas y desventajas de las estructuras condicionales son las siguientes:

Ventajas ✔	Desventajas ✘
- Permiten tomar decisiones lógicas y adaptar el flujo de ejecución. - Mejoran la claridad del código cuando se organiza correctamente. - Ofrecen una estructura predecible y fácil de mantener para controlar la lógica de negocios.	- Si se usan en exceso o sin una organización adecuada, pueden hacer que el código sea difícil de leer. - Las estructuras condicionales múltiples pueden disminuir la eficiencia del programa si no están optimizadas.

En C++, existe una forma abreviada de *if-else* para expresiones simples, conocida como el **operador ternario.** Esto permite escribir una condición en una sola línea, ideal para asignaciones rápidas o condiciones en operaciones sencillas.

La sintaxis es la siguiente:

> variable = (condición) ? valor_si_verdadero : valor_si_falso;

 **EJEMPLO**

Uso del operador ternario:

```
int edad = 18;
string mensaje = (edad >= 18) ? "Adulto" : "Menor de edad";
cout << mensaje << endl;
```

Continúa en página siguiente >>

<< Viene de página anterior

El operador ternario es útil cuando se necesita una forma compacta de escribir condiciones simples, y es una alternativa muy popular en casos en los que un *if-else* extenso resultaría redundante.

También es posible encadenar condiciones usando el operador lógico *&&* *(AND)* y *|| (OR)*. Esto permite que una sola condición *if* verifique múltiples condiciones, lo cual puede simplificar el código y mejorar la legibilidad.

 **EJEMPLO**

Uso de los operadores lógicos:

```cpp
int x = 5, y = 10;
if (x > 0 && y > 0) {
    cout << "Ambos valores son positivos." << endl;
}
```

Se indica una orden donde las dos variables son positivas a la vez.

2.3. Estructuras de control

Las **estructuras de control iterativas** permiten ejecutar repetidamente un bloque de código mientras se cumpla una condición. Son fundamentales en programación, ya que permiten realizar tareas repetitivas sin tener que escribir código redundante. En C++, las estructuras de control iterativas principales son *for, while,* y *do-while.* Cada una de ellas tiene características que la hacen adecuada para distintos tipos de escenarios.

A continuación, puedes ver situaciones donde usar cada una de las estructuras de control y su sintaxis:

- **Bucle *for*.** Es ideal cuando se conoce de antemano el número de iteraciones necesarias. El bucle *for* permite inicializar una variable, establecer una condición de finalización y definir una actualización al final de cada iteración.

  Sintaxis:

  ```
  for (inicialización; condición; actualización) {
      // Código a ejecutar repetidamente
  }
  ```

- **Bucle *while*.** Se utiliza cuando no se conoce el número exacto de iteraciones y se quiere que el bucle se ejecute mientras una condición específica sea verdadera.

  Sintaxis:

  ```
  while (condición) {
  // Código a ejecutar mientras la condición sea
  verdadera
  }
  ```

- **Bucle *do-while*.** Similar al *while*, pero garantiza que el bloque de código se ejecute al menos una vez, ya que la condición se evalúa después de cada iteración.

  Sintaxis:

  ```
  do {
      // Código a ejecutar
  } while (condición);
  ```

Algunos casos de uso comunes son los siguientes:

- **Recorrer *arrays:*** el bucle *for* se usa comúnmente para iterar sobre los elementos de un *array* o vector cuando se conoce el tamaño.
- **Ciclo de repetición hasta una condición:** *while* es útil para mantener un programa en ejecución hasta que una condición cambie, como cuando se espera la entrada del usuario.
- **Validación de entrada:** *do-while* asegura que el código se ejecute al menos una vez, lo cual es útil para pedir al usuario que ingrese datos válidos hasta que cumpla con una condición.

Las buenas prácticas para estructuras iterativas serían las siguientes:

Evitar bucles infinitos

Asegurarse de que la condición de salida sea alcanzable para evitar bucles que nunca terminan, a menos que sea intencionado (por ejemplo, un servidor que debe funcionar constantemente).

Evitar incrementos o descensos no deseados

Tener cuidado al actualizar la variable de control en *for* y *while,* ya que omitirla puede llevar a errores o a bucles infinitos.

Usar *break* y *continue* con moderación

Estas instrucciones permiten salir del bucle *(break)* o saltar una iteración *(continue)*. Sin embargo, su uso excesivo puede hacer que el código sea difícil de leer.

 **EJEMPLO**

Combinación de bucles:

```
#include <iostream>
using namespace std;

int main() {
```

Continúa en página siguiente >>

<< Viene de página anterior

```cpp
    int numEstudiantes;
    do {
        cout << "Introduce la cantidad de estudiantes (debe ser positiva): ";
        cin >> numEstudiantes;
    } while (numEstudiantes <= 0); // `do-while` asegura que el número sea positivo

    double suma = 0;
    for (int i = 1; i <= numEstudiantes; i++) { // `for` para iterar sobre cada estudiante
        double calificacion;
        cout << "Introduce la calificación del estudiante " << i << ": ";
        cin >> calificacion;
        suma += calificacion;
    }

    double promedio = suma / numEstudiantes;
    cout << "El promedio de calificaciones es: " << promedio << endl;

    return 0;
}
```

El bucle *do-while* asegura que el número de estudiantes ingresado sea positivo.

El bucle *for* se utiliza para solicitar la calificación de cada estudiante una vez que se ha verificado el número.

En C++, los bucles pueden anidarse, es decir, un bucle puede estar dentro de otro bucle. Esto es común en operaciones con matrices o estructuras de datos multidimensionales.

Pero los bucles anidados pueden aumentar el tiempo de ejecución exponencialmente, especialmente cuando el número de iteraciones en cada bucle es elevado, por lo que no se debe abusar de ellos, ya que incidiría en la eficiencia.

Los bucles infinitos son, en la mayoría de los casos, indeseados, pero hay situaciones donde se buscan deliberadamente, como en **programas de servidores** o **dispositivos embebidos** que deben ejecutarse indefinidamente.

En este caso, el bucle se interrumpe solo si se cumple alguna condición dentro del bloque de código o si el programa recibe una señal externa para detenerse.

En lugar de usar bucles, en ciertos algoritmos se emplea la **recursión,** donde una función se llama a sí misma hasta cumplir una condición base. Esto puede ser una alternativa a los bucles cuando la estructura del problema es recursiva.

 EJEMPLO

Ejemplo de uso de recursión para el cálculo del factorial:

```cpp
int factorial(int n) {
    if (n <= 1) return 1;
    return n * factorial(n - 1);
}
```

 ACTIVIDAD COMPLEMENTARIA

2. Una de las situaciones que requiere el análisis para la toma de decisiones y tareas a realizar es una planificación de horarios en una oficina. Responde a las siguientes preguntas:

   · ¿Qué tipo de decisiones o repeticiones aparecen en esta situación?
   · ¿Qué estructura de control en C++ *(if-else, for, while, switch,* etc.) sería adecuada para implementar esta lógica?
   · Explica el impacto de usar una estructura sobre otra en la eficiencia del proceso (por ejemplo, ¿por qué un *for* sería mejor que un *while* en esta situación?).

3. Programación orientada a objetos (POO)

☞ HILO CONDUCTOR

Una de las aplicaciones clave de la POO en TechCity Solutions es el **desarrollo de sistemas integrados para la movilidad conectada,** como plataformas de control para vehículos autónomos. En este tipo de proyectos, utilizan **clases y objetos** para representar diferentes componentes del sistema, como sensores, unidades de procesamiento, módulos de comunicación y los propios vehículos. Cada uno de estos componentes tiene propiedades y comportamientos específicos, lo que facilita su simulación, control y monitoreo.

Un vehículo autónomo en su sistema se modela como una clase que incluye atributos como velocidad, ubicación y dirección, junto con métodos que controlan su comportamiento, como acelerar, frenar o cambiar de dirección. Los diferentes sensores (cámaras, LIDAR, etc.) también se modelan como objetos que interactúan con el vehículo, detectando obstáculos y enviando datos en tiempo real. Gracias a la POO, estos módulos son fácilmente modificables y escalables, lo que permite adaptarse rápidamente a los avances tecnológicos y a las necesidades cambiantes del mercado.

Un vehículo autónomo puede heredar características de una clase base de vehículo, pero implementar métodos específicos para funciones autónomas avanzadas.

3.1. Características y ventajas de la programación orientada a objetos

La **programación orientada a objetos (POO)** es un paradigma de programación ampliamente utilizado en lenguajes como C++, que se centra en la creación de objetos que representan tanto datos como comportamientos. Este enfoque permite modelar conceptos del mundo real y estructurar el código de manera que sea más fácil de mantener, reutilizar y escalar. A lo largo de los años, la POO se ha convertido en una piedra angular del desarrollo de *software* moderno, ya que facilita la construcción de sistemas complejos y modulares.

En este apartado exploraremos los conceptos clave de la POO en C++ (como clases, objetos, encapsulación, herencia y polimorfismo) y veremos cómo estos elementos se integran para formar aplicaciones robustas y flexibles.

 **DEFINICIÓN**

Programación orientada a objetos (POO)

Es un estilo de programación que organiza el código en torno a objetos, que son instancias de clases. Una clase define un "molde" o "plantilla" que describe las propiedades (datos o atributos) y los comportamientos (métodos o funciones) de un objeto.

Núcleo de la POO

Son las clases y los objetos. Una **clase** es una definición o un modelo que describe las características y comportamientos comunes de un conjunto de objetos. Por otro lado, un **objeto** es una instancia de una clase, con atributos específicos y métodos que pueden interactuar entre sí.

EJEMPLO

En este ejemplo, la clase Vehículo tiene dos atributos (marca y velocidad) y dos métodos (acelerar y frenar). Un objeto de la clase Vehículo puede representar cualquier coche o vehículo que posea estas características.

```cpp
class Vehiculo {
    public:
        string marca;
        int velocidad;

        void acelerar(int incremento) {
            velocidad += incremento;
        }

        void frenar(int decremento) {
            velocidad -= decremento;
        }
};
```

 **EJEMPLO**

Cómo crear un objeto

```cpp
Vehiculo coche;
coche.marca = "Toyota";
coche.velocidad = 0;
coche.acelerar(20);  // Incrementa la velocidad a 20
```

Este paradigma ofrece varios principios fundamentales que permiten organizar el código de manera estructurada:

Encapsulación

Permite ocultar los detalles internos de una clase y proteger sus datos del acceso directo, exponiendo solo lo necesario a través de métodos públicos. Esto se logra haciendo que los atributos de una clase sean privados y permitiendo su acceso mediante métodos públicos.

Herencia

Permite que una clase nueva herede atributos y métodos de una clase existente, llamada clase base.
La nueva clase, llamada clase derivada, puede agregar o modificar funcionalidades, lo que permite la reutilización del código y la extensión de sus capacidades.

Polimorfismo

Permite que diferentes clases deriven de una clase base y redefinan algunos de sus métodos, mientras mantienen la misma interfaz. Esto es útil cuando se desea que objetos de diferentes tipos puedan ser tratados de manera uniforme.

Abstracción

Implica ocultar detalles de implementación complejos y mostrar solo las funcionalidades esenciales. En C++, esto se implementa con clases abstractas que contienen métodos virtuales puros.

Las ventajas de la programación orientada a objetos son las siguientes:

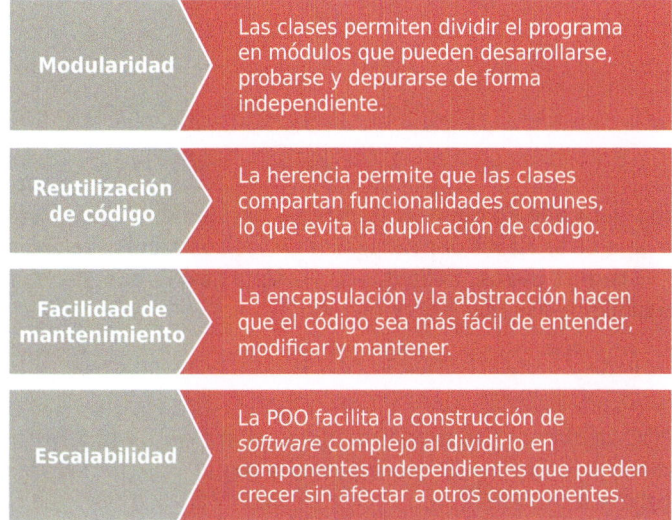

Modularidad	Las clases permiten dividir el programa en módulos que pueden desarrollarse, probarse y depurarse de forma independiente.
Reutilización de código	La herencia permite que las clases compartan funcionalidades comunes, lo que evita la duplicación de código.
Facilidad de mantenimiento	La encapsulación y la abstracción hacen que el código sea más fácil de entender, modificar y mantener.
Escalabilidad	La POO facilita la construcción de *software* complejo al dividirlo en componentes independientes que pueden crecer sin afectar a otros componentes.

La POO es la base para aplicaciones complejas y es especialmente útil en sistemas donde se necesita una clara representación de los componentes. Por ejemplo:

- **Interfaces de usuario.** Cada componente (botones, ventanas) puede representarse como objeto.
- **Simulaciones.** En simulaciones físicas, cada entidad (vehículo, persona) puede modelarse como un objeto con propiedades y comportamientos.
- **Videojuegos.** Los personajes, enemigos y elementos del juego pueden representarse como objetos con diferentes comportamientos y estados.

A pesar de sus ventajas, la POO también ha recibido críticas, como las siguientes:

- **Sobrecarga de código.** En aplicaciones simples, puede agregar complejidad innecesaria.
- **Dependencias.** La herencia mal aplicada puede crear dependencias rígidas y difíciles de cambiar.
- **Rendimiento.** La POO puede ser menos eficiente que otros paradigmas (como la programación estructurada o funcional) en ciertos contextos donde el rendimiento es crítico.

En algunos escenarios se prefieren otros paradigmas, como la **programación funcional,** donde el foco está en las funciones y en evitar estados mutables, o la **programación estructurada,** que organiza el código en funciones y bloques sin clases.

DEFINICIÓN

Clase abstracta

Es una clase que no puede instanciarse directamente; su propósito es ser una base para otras clases derivadas. Las clases abstractas suelen contener **métodos virtuales puros,** definidos con la sintaxis = 0, que deben implementarse en cualquier clase que derive de ella.

- -

La POO va más allá de simplemente escribir clases y objetos; implica pensar en la arquitectura del *software* de manera que se promueva la cohesión y se reduzca el acoplamiento:

Cohesión	Se refiere a lo bien relacionadas que están las responsabilidades de una clase. Una clase altamente cohesionada tiene métodos y atributos que se enfocan en una única tarea o responsabilidad.
Acoplamiento	Describe el grado de dependencia entre clases. El diseño orientado a objetos busca reducir el acoplamiento, de modo que las clases no dependan demasiado unas de otras, facilitando el mantenimiento y la reutilización.

La POO se convierte en una poderosa herramienta para manejar proyectos grandes, ya que permite dividir el sistema en componentes independientes y facilita la colaboración entre equipos de desarrollo.

Las características de la POO en grandes proyectos son las siguientes:

Escalabilidad y mantenibilidad
Cada componente se puede mejorar y optimizar independientemente sin afectar al resto del sistema.

Continúa en página siguiente >>

<< Viene de página anterior

Reutilización de código
Clases o módulos diseñados para un proyecto pueden reutilizarse en otros proyectos similares.

Facilita la prueba de unidades
Las clases y los métodos pueden probarse individualmente, lo que mejora la calidad del *software.*

3.2. Patrones de diseños

Los **patrones de diseño** son soluciones probadas para problemas comunes en el desarrollo de *software* orientado a objetos.

Fueron popularizados por el libro *Design Patterns: Elements of Reusable Object-Oriented Software,* de Erich Gamma, Richard Helm, Ralph Johnson y John Vlissides, conocidos como la "Banda de los Cuatro". Los patrones de diseño son muy útiles para mejorar la modularidad, reutilización y flexibilidad del código, especialmente en proyectos grandes y complejos.

La clasificación de los patrones de diseño es la siguiente:

Patrones creacionales
Se enfocan en la forma en que se crean los objetos.

Patrones estructurales
Facilitan la composición de clases y objetos.

Patrones de comportamiento
Gestionan la comunicación entre objetos.

Los patrones creacionales proporcionan formas flexibles de crear objetos, evitando la creación directa y gestionando la complejidad de la instancia. Estos son los siguientes:

➲ **Singleton.** Garantiza que solo exista una instancia de una clase y proporciona un punto de acceso global a esta. Este patrón es útil en situaciones donde una sola instancia de un objeto debe coordinar acciones en todo el sistema, como un registro de *logs*.

⮩ **Método de fábrica *(factory method).*** Define una interfaz para crear un objeto, pero permite a las subclases decidir qué clase instanciar. Este patrón permite que las clases deleguen la creación de objetos a subclases.

⮩ **Fábrica abstracta *(abstract factory).*** Proporciona una interfaz para crear familias de objetos relacionados o dependientes sin especificar sus clases concretas. Este patrón es útil cuando se requiere crear diferentes combinaciones de objetos relacionados entre sí.
Se usa para crear "familias de productos" que deben usarse conjuntamente, como temas de interfaz gráfica.

⮩ **Constructor *(builder).*** Separa la construcción de un objeto complejo de su representación, permitiendo construir diferentes tipos de representaciones del mismo proceso de construcción.

⮩ **Prototipo *(prototype).*** Permite crear nuevos objetos copiando una instancia original (o "prototipo"). Este patrón es útil para instanciar objetos complejos de manera rápida y con valores iniciales específicos.
Utiliza el método *clone* para crear copias de objetos.

Los patrones estructurales se centran en la composición de clases y objetos, y en cómo los objetos colaboran entre sí. Algunos de ellos son:

⮩ **Adaptador *(adapter).*** Permite que clases con interfaces incompatibles trabajen juntas. Funciona como un "puente" entre dos interfaces. Ejemplo: un adaptador para conectar una clase que espera recibir datos en una estructura específica con otra clase que usa una estructura diferente.

⮩ **Puente *(bridge).*** Desacopla una abstracción de su implementación para que ambas puedan variar independientemente. Se usa cuando las interfaces y las implementaciones deben evolucionar de manera independiente. Ejemplo: se quiere desarrollar una aplicación que maneje figuras geométricas de diferentes tipos (por ejemplo, círculos y cuadrados) y que cada figura se pueda dibujar en diferentes plataformas.

⮩ **Compuesto *(composite).*** Permite tratar objetos individuales y compuestos de manera uniforme. Es útil en estructuras jerárquicas, como árboles. Ejemplo: un sistema de archivos donde las carpetas contienen archivos y otras carpetas.

⮩ **Decorador *(decorator).*** Permite añadir responsabilidades adicionales a un objeto de manera dinámica sin modificar su estructura. Ejemplo: añadir funcionalidades adicionales a una clase Ventana sin modificar la clase original.

⮩ **Fachada *(facade).*** Proporciona una interfaz simplificada a un sistema complejo de clases, ocultando la complejidad del sistema subyacente. Ejemplo: un subsistema de biblioteca gráfica que expone una interfaz simple para facilitar el acceso a funcionalidades avanzadas.

- **Peso ligero** *(flyweight)*. Permite utilizar objetos a gran escala de manera eficiente, compartiendo datos entre múltiples instancias similares. Ejemplo: en un editor de texto, el uso de caracteres se optimiza compartiendo objetos comunes para caracteres repetidos.
- **Representante** *(proxy)*. Proporciona un sustituto para controlar el acceso a otro objeto. Ejemplo: un *proxy* de seguridad para un recurso restringido o un *proxy* de caché para mejorar el rendimiento en accesos frecuentes.

Los patrones de comportamiento se enfocan en la comunicación entre objetos, mejorando la flexibilidad y reduciendo el acoplamiento. Algunos son:

- **Cadena de responsabilidad.** Permite que un conjunto de objetos procese una solicitud, donde cada objeto puede manejar o pasar la solicitud al siguiente objeto en la cadena. Ejemplo: en un sistema de soporte, una solicitud puede pasar a través de varios niveles de soporte hasta ser resuelta.
- **Comando.** Encapsula una solicitud como un objeto, permitiendo parametrizar objetos con operaciones, hacer, deshacer y registrar operaciones. Ejemplo: en una aplicación de editor de texto, cada acción del usuario se encapsula en un comando, permitiendo la opción de deshacer/rehacer.
- **Iterador.** Permite recorrer los elementos de una colección sin exponer su representación subyacente. Ejemplo: un iterador para recorrer un contenedor vector en C++.
- **Mediador.** Define un objeto que controla y coordina la comunicación entre otros objetos, evitando que se refieran directamente entre sí. Ejemplo: en un sistema de chat, un mediador centralizado puede coordinar los mensajes entre los usuarios.
- **Memento.** Permite capturar y restaurar el estado interno de un objeto sin violar su encapsulamiento. Ejemplo: en una aplicación de edición de documentos, se pueden crear y restaurar "puntos de control" o estados previos.
- **Observador.** Define una dependencia de uno a muchos entre objetos, de modo que cuando uno cambia de estado, notifica automáticamente a todos sus dependientes. Ejemplo: en una aplicación de notificaciones, cuando un usuario publica un mensaje, todos los seguidores reciben una actualización.

Los beneficios de los patrones de diseño son los siguientes:

Reutilización de soluciones probadas
Aprovechan soluciones que han sido exitosas en proyectos anteriores.

Comunicación efectiva
Proporcionan un vocabulario común entre desarrolladores.

Facilitan el diseño y la arquitectura
Ayudan a estructurar el código de manera coherente y escalable.

Mejoran la mantenibilidad
Hacen que el código sea más fácil de entender y modificar.

3.3. La POO en la era moderna

En los últimos años, la POO ha evolucionado para adaptarse a nuevas necesidades y enfoques, como la programación concurrente y la programación en la nube. Algunos desarrolladores combinan POO con otros paradigmas, como la programación funcional, para lograr un balance entre modularidad y eficiencia.

 **RECUERDA**

Uno de los principios más importantes de la **programación orientada a objetos (POO)** es la **encapsulación.** La encapsulación permite agrupar los datos y los métodos que operan sobre esos datos dentro de una clase, protegiendo la información interna del acceso no autorizado y exponiendo solo lo necesario a través de interfaces públicas.

La encapsulación mejora la seguridad del código al restringir el acceso directo a los atributos de una clase, garantizando que los datos solo puedan ser

Continúa en página siguiente >>

<< Viene de página anterior

modificados mediante métodos controlados. Esto no solo previene errores accidentales o cambios no deseados, sino que también facilita la mantenibilidad del código, ya que los detalles internos de la clase pueden cambiar sin afectar el código que la utiliza.

La POO, aunque sigue siendo un paradigma fundamental, se ha adaptado y ha evolucionado para responder a los cambios en las necesidades de desarrollo, tecnologías emergentes y la integración de nuevos enfoques como la programación funcional y el desarrollo en la nube. Esto ha permitido que la POO siga siendo relevante, aunque también ha surgido la necesidad de una integración con otros paradigmas para enfrentar los retos actuales.

Entre estos retos destacan los siguientes:

● **Integración de la POO con la programación funcional.** En los últimos años, muchos lenguajes de programación han comenzado a incluir características de programación funcional para complementarla con la POO. Esta integración permite escribir código más conciso y modular, y a menudo facilita la paralelización, un requisito esencial en aplicaciones modernas que manejan grandes volúmenes de datos. La integración de la POO con la programación funcional conlleva algunas ventajas:

  ◊ **Inmutabilidad:** la programación funcional promueve la inmutabilidad (objetos que no cambian su estado), lo cual es beneficioso en entornos multihilo. En lenguajes como C++, el uso de *const* y las referencias constantes permite aplicar inmutabilidad en objetos POO, lo que hace el código más predecible y menos propenso a errores.
  ◊ **Funciones de orden superior:** en lenguajes modernos (como *Python, JavaScript* e incluso C++), las funciones de orden superior (funciones que reciben o devuelven otras funciones) son utilizadas en conjunto con POO para implementar técnicas como el filtrado, el mapeo o la reducción de datos.

● **POO y la arquitectura de microservicios.** En las arquitecturas de microservicios, cada servicio es un módulo independiente que encapsula sus datos y lógica. Este enfoque se asemeja al principio de encapsulamiento en la POO, donde cada servicio es como un "objeto" en un sistema distribuido. Las características que promueve la POO en la arquitectura de microservicios son:

‣ Encapsulación de funcionalidades: cada microservicio maneja su propia base de datos, API y lógica, lo que permite aplicar principios de encapsulación a gran escala.
‣ Reutilización y escalabilidad: al igual que los objetos en POO, los microservicios se pueden reutilizar y escalar individualmente sin afectar el sistema global.

Un sistema de *e-commerce* podría tener microservicios separados (como Inventario, Pedidos, Facturación), cada uno con sus propios datos y métodos específicos (API). Cada servicio se comunica con otros a través de interfaces bien definidas, similar a cómo los objetos interactúan entre sí en un programa orientado a objetos.

⮑ **POO en la programación asíncrona y concurrencia.** La programación asíncrona y concurrente ha tomado una gran relevancia en aplicaciones modernas, especialmente en aquellas que requieren alta capacidad de respuesta o manejo de múltiples tareas simultáneamente, como los sistemas de tiempo real, juegos o aplicaciones web. La combinación de POO con técnicas concurrentes permite manejar múltiples objetos en paralelo, algo fundamental en sistemas distribuidos y aplicaciones en la nube.

Para lograr una programación concurrente efectiva y segura en C++, es fundamental comprender el uso de estructuras y patrones que faciliten el trabajo con múltiples hilos y protejan los datos compartidos, como los objetos inmutables y las clases concurrentes:

‣ Objetos inmutables: en un entorno multihilo, los objetos inmutables son más seguros, ya que no requieren bloqueos y pueden compartirse sin riesgo de corrupción de datos.
‣ Clases concurrentes: en C++, las bibliotecas estándar ofrecen clases y funciones para la concurrencia (std::thread, std::async, std::mutex), permitiendo a los desarrolladores gestionar hilos y sincronización de manera eficiente.

⮑ **POO en el desarrollo en la nube y DevOps.** El desarrollo en la nube ha impulsado el uso de servicios distribuidos y escalabilidad automática, lo que a su vez ha llevado a la adopción de prácticas de desarrollo y operaciones (DevOps). La POO se adapta bien a este entorno, ya que permite:

‣ Modelado de recursos de la nube: los objetos pueden modelar recursos en la nube, como máquinas virtuales, almacenamiento y redes, que se crean, configuran y destruyen dinámicamente.

◑ Pruebas y despliegue automatizado: con los principios de encapsulamiento y modularidad de la POO, se facilita la creación de pruebas unitarias y la automatización en el despliegue.

⮞ **POO en sistemas de inteligencia artificial y *machine learning*.** Los sistemas de inteligencia artificial (IA) y aprendizaje automático *(machine learning)* también se benefician de la POO, especialmente en la organización de datos y algoritmos:

◑ Modelo y datos como objetos: en ML, se suele crear una clase que encapsula los datos de entrenamiento y el modelo, así como métodos para entrenar, evaluar y realizar predicciones.
◑ Herencia y especialización de modelos: al implementar algoritmos de ML, la herencia se usa para crear modelos especializados que comparten una estructura común.

Con el surgimiento de nuevos paradigmas y necesidades, la POO también ha recibido críticas, especialmente en entornos donde la **programación funcional** o ***event-driven*** (basada en eventos) puede ser más adecuada. Algunas críticas son:

Complejidad en proyectos simples

La estructura de clases y objetos puede ser excesiva en proyectos pequeños o *scripts* simples, donde el código estructurado o funcional es más ágil y directo.

Rigidez de la herencia

La herencia puede crear dependencias rígidas, lo cual dificulta la modificación y prueba del código. Los patrones de composición (como el uso de interfaces o patrones como el decorador) son a menudo preferibles en estos casos.

Consumo de memoria y recursos

Los objetos en POO pueden consumir más memoria que las estructuras de datos simples, lo que en aplicaciones de tiempo real o de baja latencia puede ser una desventaja.

En la programación moderna, es común ver **enfoques híbridos** donde se combinan características de la POO, la programación funcional y la programación reactiva. Esto se debe a que cada paradigma aporta fortalezas específicas:

- ⮞ **Lenguajes híbridos:** lenguajes como *Python, Scala* y *Kotlin* permiten un enfoque híbrido que permite usar objetos para modularidad y funciones de orden superior para manipulación de datos, ofreciendo lo mejor de ambos paradigmas.
- ⮞ **POO funcional:** la "POO funcional" es un enfoque donde los principios de la POO se combinan con prácticas funcionales, como la inmutabilidad y el uso de funciones puras. Esto se ha popularizado en lenguajes como *JavaScript,* donde los objetos son ampliamente utilizados, pero también lo son las funciones de orden superior.

 APLICACIÓN PRÁCTICA

En el desarrollo de *software* moderno, la programación orientada a objetos (POO) juega un rol clave en la estructuración y modularización de aplicaciones complejas, como las basadas en arquitecturas de microservicios. ¿Cuál de los siguientes casos crees que es un ejemplo de cómo se integra la POO en arquitecturas de microservicios?

a. **Cada microservicio contiene su propia lógica, base de datos y API, similar al encapsulamiento de objetos.**
b. **Todos los microservicios deben compartir una única base de datos central.**
c. **La herencia se usa para que cada microservicio dependa del microservicio principal.**
d. **Los microservicios son controlados a través de un único objeto *singleton*.**

Solución

En una arquitectura de microservicios, cada microservicio está diseñado para ser independiente y autónomo, lo que significa que tiene sus propios datos, lógica y API. Esto es análogo al concepto de encapsulamiento en la programación orientada a objetos (POO), donde cada objeto maneja sus propios datos y métodos, sin depender de otros objetos.

 **TAREA 2**

Se te presenta el caso de un almacén que desea implementar un sistema en C++ para gestionar el inventario de productos. El sistema debe ser capaz de:

1. Registrar el ingreso de nuevos productos al almacén.
2. Actualizar el *stock* de productos cuando se realicen ventas.
3. Generar un reporte del inventario disponible.

Con base en este escenario, responde las siguientes preguntas:

1. ¿Qué estructura de control condicional utilizarías para verificar si un producto tiene suficiente *stock* antes de procesar una venta? Explica por qué esta estructura es la más adecuada.
2. Considerando la programación orientada a objetos (POO), ¿qué función realizan los atributos y métodos en una clase Producto para gestionar el inventario?
3. Si tienes que procesar una lista de productos para actualizar su *stock* después de una venta, ¿qué estructura de control iterativa utilizarías y por qué?

4. Resumen

Las estructuras de control en C++ son esenciales para dirigir el flujo de un programa. Existen tres tipos principales:

- **Estructuras de control secuenciales:** ejecutan instrucciones en el orden en que aparecen sin variaciones. Son la base del flujo de un programa y se usan en tareas simples y cálculos directos.
- **Estructuras de control condicionales:** permiten tomar decisiones en función de condiciones específicas.
- **Estructuras de control iterativas:** ejecutan un bloque de código repetidamente mientras se cumpla una condición.

Los principales bucles son:

- **Bucles anidados:** permiten ejecutar un bucle dentro de otro, siendo útiles para operaciones sobre matrices o datos multidimensionales. Su uso requiere atención, ya que los bucles anidados pueden afectar el rendimiento.

➲ **Bucles infinitos:** los bucles infinitos son útiles en sistemas que requieren un funcionamiento continuo, como servidores o dispositivos embebidos. En estos casos, es común implementar un bucle *while (true)* o un *for* sin condición de salida.

➲ **Bucles y recursión:** aunque los bucles permiten realizar tareas repetitivas, la recursión es una alternativa para problemas estructurados de manera jerárquica, como el cálculo de factoriales o el recorrido de estructuras de datos, como árboles.

La programación orientada a objetos (POO) organiza el *software* en torno a objetos, que representan entidades y conceptos. Sus cuatro principios fundamentales son:

➲ **Encapsulamiento:** agrupa datos y métodos en una clase y protege los datos de accesos externos.
➲ **Abstracción:** oculta detalles complejos, exponiendo solo lo esencial.
➲ **Herencia:** permite crear nuevas clases basadas en clases existentes.
➲ **Polimorfismo:** da flexibilidad para que métodos tengan comportamientos distintos en clases derivadas.

Estos principios facilitan la modularidad, reutilización y mantenibilidad del código, beneficiando especialmente proyectos a gran escala.

Ejercicios de autoevaluación
Unidad de Aprendizaje 2

1. **¿Cuál de las siguientes afirmaciones describe mejor el concepto de encapsulamiento en la programación orientada a objetos?**

   a. Permite agrupar datos y métodos relacionados en una clase, protegiendo los datos de accesos no autorizados.
   b. Permite que una clase herede las propiedades de otra.
   c. Permite que una función tenga múltiples implementaciones en diferentes clases.
   d. Define una interfaz para crear objetos de diferentes clases.

2. **¿Qué lenguaje de programación es conocido como el primero en implementar el concepto de objetos y clases?**

   a. Smalltalk
   b. C++
   c. Simula
   d. Java

3. **En C++, ¿qué modificador de acceso se utiliza para proteger los datos de acceso directo desde fuera de la clase?**

   a. *protected*
   b. *public*
   c. *const*
   d. *private*

4. **¿Cuál de los siguientes patrones de diseño asegura que una clase tenga una única instancia?**

   a. *Factory method*
   b. *Singleton*
   c. *Observer*
   d. *Adapter*

5. **¿Cuál es la principal ventaja del uso de patrones de diseño en el desarrollo de *software*?**

   a. Reducen el número de líneas de código en un programa.
   b. Aseguran que el código sea completamente seguro.
   c. Proporcionan soluciones reutilizables y probadas para problemas comunes de diseño.
   d. Eliminan la necesidad de comentarios en el código.

6. **¿Qué patrón de diseño se utiliza para permitir que objetos con interfaces incompatibles trabajen juntos?**

   a. *Observer*
   b. *Strategy*
   c. *Adapter*
   d. *Prototype*

7. **¿Cuál de los siguientes conceptos se refiere a la capacidad de un objeto de tomar diferentes formas, como métodos que tienen diferentes implementaciones en clases derivadas?**

   a. Encapsulamiento
   b. Abstracción
   c. Polimorfismo
   d. Herencia

8. **En un entorno de programación multihilo, ¿cuál de las siguientes opciones es una práctica recomendada en la POO para evitar la corrupción de datos compartidos?**

   a. Usar solo herencia.
   b. Crear objetos inmutables.
   c. Evitar el uso de clases y métodos.
   d. Utilizar funciones sin parámetros.

9. **¿Qué patrón de diseño define una relación uno a muchos entre objetos, de modo que cuando uno cambia de estado, todos los dependientes son notificados automáticamente?**

   a. *Singleton*
   b. *Observer*

c. *Adapter*
d. *Factory method*

10. **¿Cuál de las siguientes características es un beneficio de combinar programación orientada a objetos con programación funcional en la programación moderna?**

a. Permite realizar operaciones en objetos sin tener que instanciarlos.
b. Proporciona inmutabilidad y uso de funciones de orden superior para mayor modularidad.
c. Elimina la necesidad de funciones de orden superior en el código.
d. Reduce el tiempo de ejecución de todos los programas a la mitad.

Ficheros en C++

Contenido

Objetivos

El objetivo general de esta Unidad de Aprendizaje es:

→ Explorar los conceptos fundamentales para la gestión de ficheros en C++, comprendiendo su importancia en el desarrollo de aplicaciones eficientes y estructuradas, y utilizando las herramientas del lenguaje para manipular, almacenar y recuperar datos de manera segura y efectiva.

Los objetivos específicos de esta Unidad de Aprendizaje son:

→ Comprender los fundamentos de la gestión de ficheros en C++, explorando las bibliotecas y métodos asociados con la manipulación de archivos en este lenguaje.

→ Analizar las diferencias entre los distintos modos de apertura y acceso a ficheros en C++ (lectura, escritura y anexado), evaluando su aplicabilidad según los requerimientos del programa.

→ Implementar operaciones básicas de entrada y salida de datos en ficheros utilizando C++, como la lectura, escritura y actualización de contenido.

→ Desarrollar prácticas de manejo de errores y validación en operaciones de ficheros en C++, garantizando la seguridad y robustez en la manipulación de datos.

→ Explorar la estructura y organización de ficheros secuenciales y aleatorios en C++, comprendiendo cuándo y cómo utilizarlos para optimizar el acceso y almacenamiento de información.

1. Introducción

En el desarrollo de aplicaciones en C++, la gestión de ficheros desempeña un papel fundamental para el almacenamiento y recuperación de datos de manera persistente. Los ficheros permiten que los programas almacenen información más allá de la duración de su ejecución, proporcionando una forma segura y estructurada de gestionar datos que, requieren ser consultados o modificados, en múltiples ocasiones. En el ámbito de los lenguajes de desarrollo, el dominio de las técnicas para trabajar con ficheros es esencial para cualquier programador, ya que permite crear aplicaciones más robustas y funcionales.

Es importante familiarizarse con las operaciones de entrada y salida en ficheros en C++, analizando desde los conceptos básicos hasta las prácticas avanzadas para el manejo de datos.

En la gestión de ficheros también se analizan los distintos modos de acceso y manipulación de archivos, incluyendo la lectura, escritura y actualización de contenido, así como los conceptos de ficheros secuenciales y aleatorios. Además, se discutirán las mejores prácticas para la gestión de errores y seguridad en la manipulación de datos, con el fin de garantizar la integridad de la información.

La gestión de ficheros es clave para que TechCity Solutions logre sus objetivos en ciudades inteligentes, ya que permite almacenar y procesar grandes volúmenes de datos generados por sensores de IoT, como datos de tráfico, calidad del aire y consumo energético. Mediante archivos bien estructurados y accesibles en tiempo real, la empresa puede registrar y recuperar información histórica para análisis y pronósticos. Además, la gestión de ficheros facilita el respaldo y la recuperación de datos críticos, asegurando la continuidad operativa y la capacidad de toma de decisiones basadas en datos fiables y actualizados.

2. Gestión de ficheros en C++

 **HILO CONDUCTOR**

En el proyecto de **sistemas de monitorización y análisis de datos en tiempo real,** donde la persistencia de datos es crítica para el rendimiento y la

Continúa en página siguiente >>

<< Viene de página anterior

continuidad del sistema, utilizamos la gestión de ficheros para almacenar datos de sensores, registros de actividad y análisis de rendimiento en archivos locales o remotos, lo que permite acceder a esa información en futuras consultas o análisis sin perder integridad.

La gestión de ficheros es una parte esencial cuando se requiere el manejo eficiente de grandes volúmenes de datos o la persistencia de información crítica.

La **gestión de ficheros** es una parte fundamental del desarrollo de *software* cuando es necesario almacenar y recuperar datos de manera persistente. En C++, la manipulación de ficheros se realiza mediante las clases de flujo de entrada y salida *(I/O streams),* proporcionadas por la biblioteca estándar <fstream>. Estas clases permiten a los desarrolladores leer y escribir datos en archivos de texto o binarios, ofreciendo flexibilidad para manejar grandes volúmenes de información o registros críticos.

◉ EJEMPLO

En soluciones para **redes inteligentes y sistemas IoT (internet de las cosas),** la gestión de ficheros permite recopilar y almacenar los datos provenientes de múltiples dispositivos en archivos. Estos archivos son procesados para generar informes detallados o análisis predictivos que nuestros clientes utilizan para mejorar la eficiencia y la toma de decisiones. Los datos pueden ser almacenados en diferentes formatos, como CSV, JSON o binarios, dependiendo de las necesidades del proyecto.

Además, en aplicaciones críticas, como el desarrollo de *software* para **vehículos autónomos,** el manejo de *logs* y registros es vital para el diagnóstico y la resolución de problemas. Los archivos de *log* guardan la información detallada de las operaciones del sistema, lo que permite a nuestros ingenieros auditar, depurar y mejorar los algoritmos de control en estos sistemas avanzados.

Gracias a las capacidades de entrada/salida *(I/O)* que proporciona C++, podemos realizar operaciones eficientes con ficheros, lo que incluye la lectura, escritura y modificación de grandes volúmenes de datos sin comprometer el rendimiento del sistema.

2.1. Introducción a la gestión de ficheros en sistemas inteligentes

En el contexto de ciudades inteligentes, donde se despliega una amplia red de sensores y dispositivos conectados a través de internet de las cosas (IoT), la generación de datos en tiempo real es constante y masiva. Esta información incluye registros de tráfico, consumo energético, calidad del aire, patrones de movimiento ciudadano y muchos otros aspectos críticos para el funcionamiento eficiente y sostenible de las ciudades. La gestión adecuada de estos datos es esencial para garantizar que se puedan almacenar, procesar y acceder a ellos de forma rápida y confiable, permitiendo una toma de decisiones informada y basada en datos.

La **gestión de ficheros** se convierte, por tanto, en una herramienta fundamental para estructurar, organizar y conservar estos datos de manera persistente, más allá de la duración de los procesos individuales que los generan. A través de ficheros bien estructurados, las ciudades inteligentes pueden registrar información histórica y mantener datos en el tiempo, lo cual es esencial para identificar patrones y tendencias, realizar análisis predictivos y responder a situaciones de emergencia. Además, al utilizar archivos en lugar de almacenar toda la información en la memoria, se optimizan los recursos de *hardware,* permitiendo que los sistemas puedan operar de manera más eficiente, incluso con grandes volúmenes de datos.

Un sistema de gestión de ficheros eficiente en ciudades inteligentes debe cumplir varios criterios:

Almacenamiento y acceso rápido

Dado que las ciudades inteligentes dependen de datos en tiempo real, es crucial que el acceso y almacenamiento de archivos sean rápidos. Esto puede lograrse mediante el uso de técnicas de acceso aleatorio, que permiten leer y escribir datos en puntos específicos del archivo sin necesidad de procesar toda la información.

Integración con sistemas de procesamiento y análisis

La información almacenada en ficheros debe ser fácilmente accesible para sistemas de análisis de datos y *machine learning.* Esto facilita la construcción de modelos predictivos, como el análisis del tráfico o la calidad del aire, y permite optimizar recursos como la energía o el uso de infraestructuras.

Continúa en página siguiente >>

<< Viene de página anterior

Persistencia y seguridad de los datos

La persistencia es crucial para que los datos se mantengan en el tiempo y puedan ser recuperados cuando se necesiten. Además, la gestión de ficheros debe garantizar la seguridad de los datos, protegiéndolos contra accesos no autorizados o pérdidas debidas a fallos del sistema. En el contexto de una ciudad inteligente, esto implica manejar la encriptación de archivos y el control de acceso a los mismos.

Escalabilidad

En una ciudad inteligente, la cantidad de datos producidos puede crecer exponencialmente con el tiempo, especialmente si se incorporan nuevos sensores y dispositivos. La gestión de ficheros debe ser escalable para manejar grandes volúmenes de información sin comprometer el rendimiento del sistema.

2.2. Tipos de ficheros y bibliotecas para la gestión de ficheros

La variedad y el volumen de datos que se generan a diario requieren un manejo eficiente y estructurado, adaptado a las necesidades de almacenamiento, consulta y procesamiento. La elección del tipo de fichero y la estructura de datos adecuada es fundamental para optimizar el acceso a la información y garantizar que los datos puedan ser procesados con rapidez y precisión. Los ficheros juegan un papel importante en la organización y almacenamiento de estos datos, y existen diferentes tipos y estructuras que se utilizan según el tipo de datos y el propósito de su uso.

Los ficheros se pueden clasificar principalmente en ficheros textuales y ficheros binarios, cada uno con características que se adaptan a diferentes tipos de necesidades de almacenamiento y procesamiento.

Las características de los dos tipos de ficheros son:

Textuales

Almacenan datos en formato legible para los humanos, como archivos .txt o .csv. Estos ficheros son comunes para almacenar datos estructurados de forma sencilla y suelen ser utilizados en aplicaciones donde se requiere una rápida inspección y edición de datos, como los registros de eventos o *logs* de sensores. En una ciudad inteligente, un archivo .csv podría almacenar, por ejemplo, datos diarios de calidad del aire, ya que este formato es fácil de leer, modificar y analizar con herramientas de *software.*

Binarios

Almacenan datos en formato binario, que no es directamente legible para los humanos, pero ofrece un acceso y una manipulación de datos más eficiente. Los archivos binarios son especialmente útiles para manejar grandes volúmenes de datos que deben ser procesados rápidamente y con menor ocupación de espacio en disco. En ciudades inteligentes, los archivos binarios pueden ser usados para almacenar grandes cantidades de datos de sensores de tráfico en tiempo real, donde la rapidez y el tamaño reducido de los archivos son importantes.

Además del tipo de fichero, la estructura de datos dentro de los archivos juega un papel crucial en la forma en la que se almacena la información y se accede a ella. Existen varias estructuras de datos comunes que facilitan la organización y manipulación de la información en el contexto de una ciudad inteligente:

- **CSV** *(comma-separated values).* Este formato organiza los datos en filas y columnas, lo cual es ideal para almacenar datos tabulares, como lecturas de sensores o estadísticas diarias de uso energético. Su estructura simple lo hace compatible con múltiples herramientas de análisis y es fácil de leer y escribir en C++. Sin embargo, no es eficiente para grandes volúmenes de datos, ya que los archivos pueden volverse grandes y lentos de procesar.
- **JSON** *(JavaScript object notation).* JSON permite estructurar datos en un formato jerárquico que es fácil de leer y con el que es sencillo trabajar. Este formato es común para datos más complejos, como configuraciones de dispositivos IoT o información sobre eventos que requieren múltiples campos con diferentes tipos de datos. JSON es ampliamente utilizado en el intercambio de datos entre sistemas y aplicaciones, y facilita la interoperabilidad en una ciudad inteligente.
- **Binarios.** Para datos que requieren un procesamiento rápido y ocupación mínima en disco, los archivos binarios son la mejor opción. Al no tener estructura de texto, ocupan menos espacio y son ideales para

almacenar datos en formato de *bytes* sin estructura jerárquica. En una ciudad inteligente, los datos en binario pueden incluir las lecturas de sensores de tráfico en alta frecuencia o información de cámaras de vigilancia, donde es esencial tener archivos compactos y rápidos de leer.

⮑ **Bases de datos NoSQL y SQL en archivos.** A veces, los sistemas de ciudades inteligentes optan por utilizar sistemas de bases de datos que operan en ficheros en lugar de servidores dedicados. Estos archivos pueden tener formatos SQL o NoSQL según el tipo de datos y permiten una estructura más avanzada para consultas complejas y rápidas. Las bases de datos en archivos, como SQLite, pueden usarse en aplicaciones que requieren almacenamiento persistente de datos con consultas SQL sin la necesidad de un servidor completo.

No todos los formatos mencionados (CSV, JSON, binarios, bases de datos en archivos) son exclusivos o nativos de C++, pero C++ puede usarlos efectivamente mediante sus bibliotecas y herramientas.

Las bibliotecas estándar son:

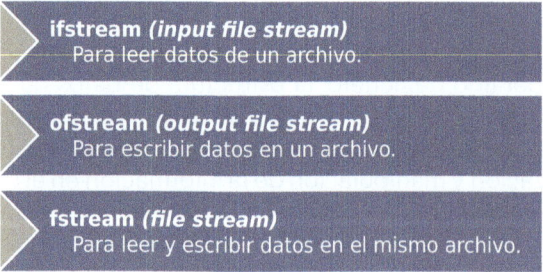

ifstream *(input file stream)*
Para leer datos de un archivo.

ofstream *(output file stream)*
Para escribir datos en un archivo.

fstream *(file stream)*
Para leer y escribir datos en el mismo archivo.

Vemos, pues, que en C++ se puede trabajar fácilmente con archivos de texto como .txt o .csv, utilizando las bibliotecas estándar fstream, ifstream y ofstream. Aunque C++ no tiene un formato específico para CSV, se puede leer y escribir en este formato utilizando estas bibliotecas.

C++ permite manipular archivos binarios usando fstream con el modo ios::binary. Esta capacidad es fundamental para almacenar datos de manera compacta y eficiente.

C++ no tiene soporte nativo para JSON, pero existen bibliotecas de terceros, como nlohmann/json o rapidjson, que permiten leer y escribir datos en formato JSON. Esto es útil para intercambiar datos en un formato legible y estructurado.

Una parte importante de la gestión de ficheros son las operaciones básicas que se pueden realizar con ellos. Son las siguientes:

- **Apertura de ficheros.** Para trabajar con ficheros en C++, lo primero que debemos hacer es abrir el archivo. Esto se hace mediante el método .open(), o directamente al declarar el objeto de flujo.
- **Lectura y escritura de ficheros.** C++ proporciona varios métodos para leer y escribir datos en archivos. Los más comunes son:

  - **<< y >>:** para escribir y leer datos de texto de manera similar a *cin* y *cout*.
  - **getline():** para leer una línea completa de un archivo de texto.
  - **write() y read():** para manejar datos en formato binario, se utilizan principalmente para leer y escribir grandes bloques de datos.

- **Manipulación de archivos binarios.** Además de los archivos de texto, C++ permite trabajar con archivos en formato binario, lo que es útil para manejar datos complejos o grandes volúmenes de información de manera más eficiente.
- **Cierre de ficheros.** Una vez que se ha terminado de trabajar con un archivo, es importante cerrarlo para liberar recursos. Esto se hace con el método .close(). Aunque los archivos se cierran automáticamente cuando el objeto de flujo sale de su ámbito, es una buena práctica cerrarlos explícitamente.
- **Modo de apertura.** Al abrir un archivo, se pueden especificar varios modos de apertura:

  - **ios::in:** abrir para lectura (predeterminado para ifstream).
  - **ios::out:** abrir para escritura (predeterminado para ofstream).
  - **ios::app:** abrir en modo *append* (añadir al final).
  - **ios::binary:** abrir en modo binario.

Otro aspecto a destacar en la gestión de los ficheros es la **seguridad** a la hora de operar con ellos. Se deben cumplir los siguientes requisitos:

Comprobar la apertura del archivo
Siempre es importante verificar si un archivo se abrió correctamente antes de intentar leerlo o escribir en él. Esto se puede hacer usando el método .is_open().

Continúa en página siguiente >>

<< Viene de página anterior

Gestión de excepciones
El manejo de excepciones puede mejorar la robustez del código. Se pueden capturar errores, como la imposibilidad de abrir un archivo, mediante bloques *try-catch.*

Optimización de acceso
Cuando se trabaja con archivos grandes, es importante optimizar el acceso a los datos; por ejemplo, utilizando archivos binarios en lugar de texto para ahorrar espacio y acelerar las operaciones de lectura y escritura.

2.3. Almacenamiento de datos en tiempo real y acceso eficiente

En algunas aplicaciones prácticas, como es la creación de una ciudad inteligente, la recolección y el procesamiento de datos en tiempo real son esenciales para mantener la eficiencia operativa y permitir respuestas rápidas a eventos. Los sistemas de monitoreo y control, como los que gestionan el tráfico, la calidad del aire o el consumo de energía, requieren almacenar y acceder a datos con rapidez y precisión. En este contexto, la gestión eficiente de ficheros en tiempo real permite que los sistemas de IoT y otras fuentes de datos trabajen de manera continua sin perder información o saturar la memoria.

Para almacenar datos en tiempo real en C++, es fundamental utilizar métodos que permitan escribir en ficheros de forma rápida y segura sin afectar el rendimiento del sistema.

Algunas técnicas y consideraciones para lograr un almacenamiento en tiempo real efectivo son:

- ⮕ **Uso de *buffers*.** Para evitar escribir cada dato individualmente en el archivo (lo cual puede ser lento), se utiliza un *buffer.* Los *buffers* almacenan temporalmente un conjunto de datos antes de escribirlos en el archivo, reduciendo el número de operaciones de escritura y mejorando el rendimiento. En C++, se puede manipular el tamaño del *buffer,* usando las configuraciones de ofstream o configurando *buffers* manualmente.
- ⮕ **Archivos temporales.** Para sistemas que recolectan datos de alta frecuencia (por ejemplo, cada segundo), es común utilizar archivos temporales para almacenar datos en intervalos definidos. Estos archivos pueden ser combinados o procesados posteriormente en bloques, lo

cual permite un almacenamiento en tiempo real sin comprometer la eficiencia general.

➲ **Escritura asincrónica.** En aplicaciones de tiempo real, es posible que algunas operaciones de escritura a ficheros se realicen de manera asincrónica, liberando al sistema de esperar a que finalice la operación de escritura antes de continuar. Con el soporte de bibliotecas de hilos *(threads)* en C++, se pueden implementar hilos dedicados a las tareas de escritura, lo que permite que el sistema siga recopilando datos mientras se escriben en segundo plano.

El acceso rápido a la información es esencial para que las aplicaciones puedan responder y tomar decisiones en tiempo real. Se cuenta con algunas técnicas que pueden mejorar la eficiencia en el acceso a los ficheros:

Acceso secuencial y aleatorio

En C++, fstream permite realizar tanto acceso secuencial como aleatorio a los datos en un archivo. En el acceso secuencial, los datos se leen de forma continua desde el principio del archivo hasta el final. Esto es útil para registros como *logs* o archivos donde los datos históricos se almacenan en orden cronológico. En el acceso aleatorio, se puede leer y escribir en ubicaciones específicas del archivo, lo que permite acceder rápidamente a los datos sin procesar el archivo completo, ideal para sistemas de tráfico o datos de sensores que necesitan consultar registros recientes.

Indexación en archivos

Al indexar el contenido de un archivo, se crea un índice que apunta a la ubicación de los datos clave. Esto permite saltar rápidamente a posiciones específicas sin tener que leer el archivo completo, lo cual es especialmente útil en archivos grandes. En C++, se puede implementar indexación mediante estructuras de datos auxiliares que almacenen las posiciones *(offsets)* de los datos dentro del archivo, permitiendo accesos rápidos.

Compresión de datos

La compresión es una técnica que permite reducir el tamaño de los archivos, ahorrando espacio de almacenamiento y facilitando la transferencia de datos en redes con ancho de banda limitado. En C++, se pueden utilizar bibliotecas de compresión como Zlib para comprimir los datos antes de almacenarlos. Aunque esto añade un paso adicional de procesamiento, en ciertos sistemas puede mejorar el rendimiento global.

👁 EJEMPLO

En la implementación de un sistema de monitoreo de tráfico en una ciudad inteligente, este sistema recoge datos de sensores instalados en distintos puntos de la ciudad que registran la velocidad, la cantidad de vehículos y la ocupación de las carreteras en intervalos de tiempo muy cortos (por ejemplo, cada segundo). Para manejar esta gran cantidad de información de manera eficiente, se pueden seguir varias estrategias:

1. **Uso de *buffers* para almacenamiento en tiempo real:** los datos recolectados cada segundo no se escriben inmediatamente en un archivo, ya que esto ralentizaría el sistema. En su lugar, se almacenan en un *buffer* (una memoria temporal) que acumula los datos durante un breve periodo, como un minuto. Luego, todo el contenido del *buffer* se guarda de una sola vez en un archivo. Esto reduce el número de escrituras en disco y mejora el rendimiento.

2. **Archivos temporales para datos en alta frecuencia:** cada sensor de tráfico genera datos constantemente, pero no todos los datos necesitan mantenerse en un solo archivo grande. En cambio, se crean archivos temporales separados por intervalos de tiempo, por ejemplo, archivos por hora. Estos archivos pueden analizarse y consolidarse más adelante, lo cual permite que el sistema almacene datos en tiempo real sin congestionar el acceso a los archivos principales.

3. **Escritura asincrónica:** para evitar que el almacenamiento de datos afecte el flujo continuo de la recolección de información, se configura el sistema para que la escritura en el archivo se realice en segundo plano, permitiendo que el sistema continúe capturando datos sin esperar a que el archivo esté listo. Esta técnica asegura que los datos se sigan recopilando sin interrupciones, mejorando la continuidad de la información.

4. **Indexación para acceso rápido:** supongamos que un analista necesita conocer las condiciones del tráfico de una hora específica del día anterior. En lugar de leer todo el archivo, el sistema utiliza una indexación que marca las posiciones exactas donde se almacenan los datos por intervalo de tiempo. Así, el analista puede acceder rápidamente a la información de la hora deseada sin recorrer el archivo completo, lo cual ahorra tiempo y recursos.

5. **Compresión de datos para optimizar el almacenamiento:** para reducir el tamaño de los archivos, especialmente en días de alta demanda de tráfico, el sistema comprime los archivos de datos antiguos que ya no necesitan acceso frecuente. De esta manera, se mantiene un histórico de datos a bajo coste de almacenamiento y permite acceder a ellos en caso de necesitar análisis históricos, sin ocupar grandes cantidades de espacio en disco.

2.4. Integración con sistemas de análisis y predicción

La recopilación de datos en tiempo real es solo el primer paso para la toma de decisiones efectiva. Para que los datos puedan generar valor, deben integrarse con sistemas de análisis y predicción que permitan entender patrones, anticipar problemas y responder de manera proactiva. La gestión de ficheros juega un papel crucial en este proceso, ya que los archivos bien organizados y accesibles facilitan el flujo de información entre los sistemas de recolección y los modelos predictivos.

Los pasos para una gestión eficaz son:

- **Organización.** Los datos recolectados, como la cantidad de tráfico, el consumo energético o la calidad del aire, deben estar organizados y estructurados en ficheros que permitan su fácil acceso y manipulación por sistemas de análisis. En esta etapa, la organización de los datos en archivos de formatos adecuados (como binarios, JSON o CSV) permite que los sistemas de análisis trabajen con grandes volúmenes de datos de manera rápida y eficiente.
  Por ejemplo, en los archivos de datos históricos, los datos de días o semanas anteriores se almacenan en archivos que luego se utilizan para entrenar modelos de predicción de tráfico o consumo energético. Estos datos históricos permiten a los sistemas predictivos aprender patrones y comportamientos.
- **Extracción y preprocesamiento de datos.** Antes de alimentar los modelos de predicción, los datos deben ser preprocesados, lo cual incluye la limpieza, normalización y transformación de la información en un formato adecuado. Los archivos de datos suelen contener ruido o información redundante, por lo que es esencial eliminar inconsistencias y preparar los datos para mejorar la precisión de los análisis. En el contexto de C++, el preprocesamiento se puede realizar mediante el uso de herramientas de análisis y bibliotecas que permiten manipular archivos grandes, seleccionando y organizando la información relevante.
  Un ejemplo de tareas de preprocesamiento es el filtrado de datos duplicados o errores; en grandes volúmenes de datos, algunos registros pueden estar duplicados o presentar errores. La limpieza de estos registros asegura que el modelo predictivo no se vea afectado por datos inexactos.
- **Integración con modelos predictivos de *machine learning*.** Una vez que los datos están preparados, se pueden integrar con sistemas de *machine learning* y análisis avanzado. La gestión de ficheros permite alimentar estos modelos de predicción con datos de calidad, logrando una integración fluida con herramientas y bibliotecas de aprendizaje automático.

Como ejemplo de aplicaciones predictivas podemos nombrar la predicción del tráfico; usando datos históricos de tráfico, el sistema puede predecir las áreas de mayor congestión en horarios específicos y realizar recomendaciones de rutas alternativas. Estos modelos se alimentan de archivos binarios o CSV que contienen patrones de tráfico por ubicación y horario.

⊃ **Generación de reportes y visualización de resultados.** Una vez que los modelos predictivos generan resultados, estos se almacenan en archivos para su posterior análisis y visualización. La gestión de ficheros permite que los reportes se almacenen y actualicen regularmente, brindando acceso a información clave que puede ser compartida con las autoridades o directamente con los ciudadanos.
Por ejemplo:

◑ Reportes diarios y semanales. Los resultados de los modelos predictivos se resumen en archivos de reportes que detallan patrones y anomalías detectadas en el tráfico o en la calidad del aire.

◑ Visualización en tiempo real. Los datos generados en tiempo real se almacenan en archivos que pueden ser rápidamente consultados para alimentar visualizaciones, como mapas de congestión de tráfico o gráficos de niveles de contaminación.

A medida que se recopilan más datos, los ficheros pueden alcanzar tamaños gigantescos. Esto no solo aumenta los costes de almacenamiento, sino que también ralentiza el acceso y el procesamiento de datos. Por eso, técnicas como la compresión y la limpieza de datos antiguos son estrategias vitales para mantener el sistema eficiente.

 SABÍAS QUE...

En los sistemas de ciudades inteligentes, ciertos datos, como los históricos, no necesitan ser consultados con frecuencia y, por ello, se almacenan en *cold files* (archivos fríos). Estos archivos se almacenan en sistemas de menor coste, como almacenamiento en cinta o unidades externas, a diferencia de los *hot files* (archivos calientes), que se necesitan en tiempo real. Esta estrategia reduce costes y optimiza el almacenamiento en función de la frecuencia de acceso.

Además, se está descubriendo que la cantidad de datos crece exponencialmente a medida que se instalan más dispositivos y sensores. Se estima que, en algunos casos, los datos generados por una ciudad inteligente podrían duplicarse cada

Continúa en página siguiente >>

<< Viene de página anterior

dos años. Esto plantea grandes desafíos para la gestión de ficheros, ya que los sistemas deben ser escalables para manejar estos incrementos sin perder rendimiento.

 ## ACTIVIDAD COMPLEMENTARIA

3. En la actualidad, hay muchas ciudades que se interesan por implementar algunos conceptos de ciudad inteligente. Sin duda, esto conlleva grandes beneficios, pero también retos para los cuales hay que estar preparados.

   ¿Cuál es tu opinión sobre las siguientes cuestiones?

   1. ¿Por qué es importante la gestión de ficheros en el contexto de una ciudad inteligente?
   2. ¿En qué situaciones sería conveniente utilizar archivos textuales y archivos binarios en una ciudad inteligente?
   3. ¿Qué es la escritura asincrónica y por qué es útil en el contexto de un sistema que recolecta datos constantemente?
   4. Imagina que se necesita consultar rápidamente la información de tráfico de una ubicación específica. ¿Cómo ayudaría la indexación en este caso?

 ## APLICACIÓN PRÁCTICA

Se ha implementado un sistema de monitoreo de calidad del aire en una ciudad inteligente. Cada día, al iniciar el sistema, se debe crear un archivo nuevo que guarde las mediciones diarias desde cero, eliminando cualquier dato anterior del archivo. ¿Cuál es el modo de apertura de ficheros en C++ más adecuado para cumplir con este requerimiento?

Solución

El modo ios::out permite abrir un archivo para escribir desde cero, creando un archivo nuevo o sobrescribiendo el existente, lo cual es ideal para iniciar un archivo diario sin conservar los datos anteriores.

TAREA 3

La empresa TechCity Solutions está desarrollando una aplicación para monitorear los datos de tráfico en tiempo real en una ciudad inteligente. Esta aplicación necesita registrar información de cada sensor en archivos para su análisis posterior. La empresa ha planteado los siguientes requerimientos:

1. Al iniciar cada día, la aplicación debe crear un archivo nuevo que almacene los datos de tráfico desde cero.
2. Cada vez que se recibe una nueva lectura de un sensor, esta información debe agregarse al final del archivo.
3. A final de mes, los analistas deben poder revisar toda la información almacenada para estudiar los patrones de tráfico, pero sin modificar los datos registrados.

Con base en estos requisitos, TechCity Solutions necesita determinar los modos de apertura y acceso más adecuados para gestionar los archivos de datos de tráfico:

a. Según el requerimiento de que al iniciar el día se cree un archivo nuevo desde cero, ¿qué modo de apertura en C++ consideras adecuado para iniciar un archivo de tráfico diario en modo escritura?
b. Imagina que el archivo de datos de tráfico se abre en modo escritura en lugar de anexado durante las actualizaciones de tráfico. ¿Qué impacto tendría esto en los datos del archivo?
c. Para el requerimiento de revisión mensual de datos sin modificar la información almacenada, ¿qué modo de apertura sería el adecuado?
d. ¿Cuál consideras que es la ventaja de tener diferentes modos de acceso y apertura en la gestión de ficheros en C++?

---

3. Resumen

Cuando se trabaja con un volumen importante de datos, la gestión de ficheros es esencial para organizar, almacenar y acceder eficientemente a los datos generados por sensores y dispositivos IoT. Estos datos incluyen información en tiempo real sobre tráfico, calidad del aire y consumo energético, que se recopila continuamente para optimizar la administración de recursos urbanos.

La gestión de ficheros permite almacenar grandes volúmenes de datos de forma estructurada y persistente, facilitando el análisis y la toma de decisiones basadas en datos históricos. La organización de los datos en ficheros accesibles es fundamental para identificar patrones y realizar predicciones, mejorando la eficiencia y sostenibilidad de los sistemas urbanos.

Existen varios modos de apertura y acceso a ficheros en C++, cada uno con un propósito específico:

- Modo escritura (ios::out)
- Modo anexado (ios::app)
- Modo lectura (ios::in)

Cada modo ofrece control sobre cómo se almacenan los datos y cómo se accede a ellos, lo que permite ajustar la gestión de ficheros a las necesidades específicas del programa.

Para que los datos se gestionen eficientemente en tiempo real, se emplean técnicas como:

- *Buffers*
- Archivos temporales
- Escritura asincrónica

La indexación permite acceder rápidamente a secciones específicas de un archivo, lo que es útil para consultas rápidas, como la búsqueda de datos de tráfico de una ubicación y hora concretas. Esto mejora la eficiencia del sistema y permite realizar ajustes en tiempo real en la gestión urbana.

Ejercicios de autoevaluación
Unidad de Aprendizaje 3

1. Determinar si las cuestiones que se plantean son verdaderas o falsas:

a. En una ciudad inteligente, el modo de apertura ios::app en C++ es adecuado para almacenar datos de sensores en tiempo real sin sobrescribir la información previa en el archivo.

- ■ Verdadero
- ■ Falso

b. La escritura asincrónica en C++ permite que un archivo se cierre automáticamente después de cada operación de escritura para asegurar que los datos estén siempre disponibles en tiempo real.

- ■ Verdadero
- ■ Falso

c. En la gestión de ficheros en C++, el modo de apertura ios::in es útil para permitir que los datos se consulten sin riesgo de modificación, lo que lo hace ideal para revisiones de archivos históricos en una ciudad inteligente.

- ■ Verdadero
- ■ Falso

2. ¿Qué modo de apertura en C++ permite escribir en un archivo desde cero, eliminando el contenido anterior?

a. ios::in
b. ios::app
c. ios::out
d. ios::ate

3. ¿Qué modo de apertura en C++ permite agregar datos al final de un archivo sin borrar el contenido previo?

a. ios::trunc
b. ios::app

    c. ios::in
    d. ios::out

4. ¿Cuál de los siguientes modos es ideal para consultar un archivo sin riesgo de modificar su contenido?

    a. ios::app
    b. ios::out
    c. ios::trunc
    d. ios::in

5. ¿Qué técnica permite almacenar datos temporalmente antes de escribirlos en un archivo para mejorar el rendimiento?

    a. Indexación
    b. Anexado
    c. *Buffering*
    d. Fragmentación

6. ¿Cuál de los siguientes formatos es más adecuado para almacenar grandes volúmenes de datos que requieren procesamiento rápido?

    a. Texto
    b. CSV
    c. Binario
    d. JSON

7. En el contexto de ciudades inteligentes, ¿qué tipo de archivo es ideal para almacenar datos tabulares en filas y columnas?

    a. JSON
    b. Binario
    c. XML
    d. CSV

8. ¿Qué tipo de archivo en C++ permite acceder a cualquier posición específica dentro del archivo sin necesidad de leerlo completo?

    a. Secuencial
    b. Aleatorio

c. Temporal
d. Sin formato

9. ¿Cuál de los siguientes es un beneficio de la escritura asincrónica en la gestión de ficheros?

a. Permite leer datos en tiempo real.
b. Asegura que los archivos sean accesibles solo al finalizar el proceso.
c. Realiza operaciones de escritura en segundo plano sin bloquear el flujo principal.
d. Elimina automáticamente datos antiguos en el archivo.

10. ¿Qué modo de apertura en C++ debe evitarse si se necesita mantener los datos previos en el archivo?

a. ios::in
b. ios::app
c. ios::out
d. ios::binary

Glosario

Arduino IDE

Entorno de desarrollo utilizado principalmente para programar microcontroladores en proyectos de electrónica y robótica. Se usa comúnmente en conjunción con el *hardware* de *Arduino*.

C++

Lenguaje de programación de propósito general que extiende el lenguaje C, incluyendo características orientadas a objetos. Es ampliamente utilizado para el desarrollo de *software* de alto rendimiento y sistemas embebidos.

Clase

En C++, una clase es una plantilla o modelo que define las propiedades (variables) y los comportamientos (métodos) de los objetos que serán creados a partir de ella.

Ciclo de vida de una variable

Duración durante la cual una variable existe en memoria. En C++, las variables pueden tener duración automática (variables locales), estática (globales) o dinámica (asignadas en tiempo de ejecución).

Compilador

Programa que traduce el código fuente escrito en un lenguaje de alto nivel (como C++) a lenguaje máquina o código ejecutable. Ejemplos: *GCC, Microsoft C++ Compiler*.

Depuración (*debugging*)

Proceso de encontrar y corregir errores o *bugs* en el código. Los IDE como Visual Studio proporcionan herramientas de depuración avanzadas que permiten ejecutar paso a paso el código y monitorear variables.

Estructuras de control

En programación, son las instrucciones que permiten alterar el flujo de ejecución de un programa. Ejemplos comunes son *if, else, for, while* y *switch*. En C++, se utilizan para tomar decisiones y repetir bloques de código.

Fichero

En programación, un fichero es un contenedor de datos almacenado en un dispositivo de almacenamiento. En C++, se usan flujos *(streams)* para leer y escribir datos en archivos de texto o binarios.

Herencia

Mecanismo en POO mediante el cual una clase (subclase) puede derivar las propiedades y métodos de otra clase (superclase), facilitando la reutilización de código.

IDE (entorno de desarrollo integrado)

Es una aplicación informática que proporciona servicios integrales para facilitar al desarrollador o programador del desarrollo de *software.* Un IDE normalmente incluye un editor de código, un depurador y herramientas para la compilación. Ejemplos: *Visual Studio, Arduino IDE.*

IoT (internet de las cosas)

Sistema de dispositivos interconectados que pueden recopilar y transmitir datos a través de una red sin la necesidad de interacción humana. En proyectos con C++, se utiliza para programar la lógica de estos dispositivos.

Memoria dinámica

Espacio de memoria que se gestiona en tiempo de ejecución. En C++, la memoria dinámica se maneja usando punteros y funciones como *new* y *delete* para asignar y liberar memoria.

Objeto

Instancia de una clase en la programación orientada a objetos. Los objetos interactúan entre sí para resolver problemas dentro del programa.

Operadores de asignación

En C++, los operadores de asignación (=, +=, -=) son usados para asignar valores a variables. Existen operadores sobrecargables que permiten definir comportamientos personalizados.

Polimorfismo

Capacidad en POO de utilizar una misma interfaz para diferentes tipos de objetos. Permite la implementación de métodos con el mismo nombre, pero comportamientos diferentes, dependiendo del tipo de objeto que los invoque.

Programación orientada a objetos (POO)

Paradigma de programación que organiza el código en torno a "objetos", que son instancias de clases. Los principios fundamentales son encapsulación, herencia, polimorfismo y abstracción.

Puntero

Variable que almacena la dirección de memoria de otra variable. Los punteros son esenciales en C++ para gestionar la memoria y trabajar con arreglos y estructuras complejas.

Sintaxis

Reglas que determinan cómo se debe escribir el código en un lenguaje de programación para que sea correcto. La sintaxis define la estructura y el orden de las declaraciones, expresiones y comandos.

Stream (flujo)

En C++, un *stream* es una secuencia de datos que se mueve de una fuente a un destino. Las clases ifstream y ofstream se usan para trabajar con flujos de entrada y salida de archivos.

Visual Studio

IDE desarrollado por *Microsoft,* utilizado comúnmente para programar en C++, entre otros lenguajes. Proporciona herramientas avanzadas para depuración, diseño y pruebas de aplicaciones.

Bibliografía

→ BOOCH, G.: *Análisis y diseño orientado a objetos con aplicaciones*. Massachusetts: Addison-Wesley, 2008.

> Este libro es un clásico para entender el análisis y el diseño orientado a objetos. Proporciona fundamentos teóricos y ejemplos prácticos que son relevantes tanto en educación como en la industria.

→ DEITEL, H. M. y DEITEL, P. J.: *Cómo programar en C++*. Massachusetts: Addison-Wesley, 2016.

> Es considerado uno de los mejores libros para aprender C++ desde los fundamentos hasta conceptos avanzados. Su enfoque en la pedagogía lo hace indispensable para principiantes y educadores.

→ GUILLÉN, J.: *Introducción a Arduino: una guía para principiantes*. Madrid: Anaya Multimedia, 2019.

> Perfecto para principiantes que desean aprender a programar en el contexto de proyectos con Arduino. Su lenguaje claro y su enfoque práctico son ideales para estudiantes y aficionados. Entra dentro de la categoría de didáctica y aplicaciones prácticas.

→ Josuttis, N.: *The C++ Standard Library: A Tutorial and Reference*. Massachusetts: Addison-Wesley, 2012.

> Este libro es imprescindible para aprender la biblioteca estándar de C++; cubre contenedores, algoritmos y características modernas de manera detallada.

→ LIPPMAN, S. B. y Moo, B. E.: *C++ primer*. Massachusetts: Addison-Wesley, 2013.

> Este libro cubre C++ en profundidad y está recomendado tanto para principiantes como para quienes desean consolidar sus conocimientos. Su enfoque es equilibrado entre teoría y práctica.

→ MARTÍN, C.: *Código limpio: manual de estilo para el desarrollo ágil de software*. Madrid: Anaya Multimedia, 2012.

> Es un referente en la industria del *software* para aprender sobre desarrollo ágil, diseño limpio y legibilidad del código. Una lectura obligatoria para cualquier programador.

→ MEYERS, S.: *Effective Modern C++: 42 Specific Ways to Improve Your Use of C++11 and C++14*. EE. UU.: O'Reilly Media, 2014.

Se centra en cómo aprovechar al máximo las características modernas de C++11 y C++14, lo que lo convierte en un recurso crucial para desarrolladores que buscan optimizar su código.

→ OVERLAND, B.: *C++ Crash Course: A Fast-Paced Introduction to Modern C++*. EE. UU.: No Starch Press, 2019.

Una introducción rápida y efectiva a las características modernas de C++, orientada a desarrolladores que necesitan una curva de aprendizaje acelerada.

→ ROBLES, G.: *Programación en C++: curso práctico*. Madrid: Editorial Alfaomega, 2010.

Ejercicios prácticos que refuerzan el aprendizaje paso a paso.

→ ROCA, R.: *Aprende C++ desde cero: curso intensivo de programación en C++*. Madrid: Editorial Alfaomega, 2016.

Es un libro con ejemplos prácticos, perfecto para aprender aplicaciones de C++.

→ STROUSTRUP, B.: *El lenguaje de programación C++*. Massachusetts: Addison-Wesley, 2014.

Escrito por el creador de C++, es una referencia esencial para comprender los aspectos más profundos y avanzados del lenguaje. Ideal para programadores experimentados que desean dominar el lenguaje.

Textos electrónicos

→ Documentación de *Visual Studio,* de: <https://learn.microsoft.com/es-es/visualstudio/>.

Este recurso de *Microsoft* ofrece una extensa documentación sobre *Visual Studio,* uno de los entornos de desarrollo integrados (IDE) más populares. La página incluye guías sobre configuración, herramientas de depuración, integración con plataformas y lenguajes de programación como C++, C# y *Python*. Su diseño estructurado y las opciones multilingües lo convierten en una herramienta valiosa para desarrolladores de todos los niveles, fomentando un aprendizaje continuo mediante ejemplos prácticos y tutoriales interactivos.

→ *Guía de Arduino IDE,* de: <https://www.arduino.cc/en/Main/Software>.

El sitio oficial de *Arduino* proporciona una guía detallada sobre el uso del **Arduino integrated development environment (IDE),** una herramienta esencial para programar microcontroladores *Arduino*. La página incluye documentación clara y actualizada, desde la instalación del *software* hasta la creación de proyectos básicos y avanzados. Destaca por su enfoque práctico y accesible, dirigido tanto a principiantes como a desarrolladores experimentados en el campo del IoT y la programación de *hardware*.